2025

교정직 7·9급 시험대비

박상민
Justice

교정학

[마무리특강]

메가 공무원

박영사

차례

형사정책

001 형사정책 연구방법

통계자료분석	집단조사	사례연구
• 대량관찰 가능(양적 분석) • 일반적인 경향 파악 ○ • 시간적 비교연구 ○ • 암수범죄 반영 ✕ • 질적 분석 ✕	• 가장 흔하게 이용되는 방법 • 표본집단 vs 통제집단 • 예 쌍생아연구 • 수평적 조사	• 질적·심층적 분석 ○ • 예 서덜랜드(직업절도범) • 생애사 연구 포함
참여관찰	**코호트연구**	**실험연구**

=현장조사
  • 연구자 직접 현장 참여
  • 인류학자들의 조사방식
  • 생생한 자료 획득 가능
  • 범죄자 일상관찰 가능
	• 시간적·수직적 분석법
	  (시간의 흐름에 따라)
	• 정밀한 시계열적 분석
		• 실험집단 vs 통제집단
		• 연구자 : 인위적 조건 설정
		• 사전·사후조사 실시
		• 비교분석

002 공식범죄통계는 구체적인 사례에 대한 질적인 접근이 가능하며 범죄현상을 분석하는 데 기본적인 수단으로 활용되고 있고, 다양한 숨은 범죄를 포함한 객관적인 범죄상황을 정확히 나타내는 장점이 있다.

해설 | 공식범죄통계는 질적인 접근이 불가능하고 암수를 정확히 나타낼 수 없는 단점이 있다.

003 (   )는 특정한 범죄자 모집단의 일부를 표본으로 선정하여 그들에 대한 조사결과를 그 표본이 추출된 모집단에 유추 적용하는 방법이다.

004 표본집단조사는 정상인집단인 실험집단과 연구하고자 하는 범죄인집단인 대조집단을 수평적으로 비교하는 방식으로 진행된다.

해설 | 범죄인집단인 실험집단과 연구하고자 하는 정상인집단인 대조집단을 수평적으로 비교하는 방식으로 진행된다.

005 (   )은 범죄자의 일기, 편지 등 개인의 정보 획득을 바탕으로 대상자의 인격 및 환경의 여러 측면을 분석하고, 그 각각의 상호 연계관계를 밝힐 수 있다.

006 추행조사는 일정 시점과 일정 시간이 경과한 다음 조사대상자의 변화를 관찰하는 것으로 (   ) 비교방법에 속하는 것이다.

007 참여적 관찰법은 체포되지 않은 범죄자들의 일상을 관찰할 수 있고 조사가 소규모로 진행되기 때문에 연구결과를 일반화할 수 없다.

008 실험연구는 인과관계 검증과정을 통제하여 가설을 검증하는데 유용한 방법으로 실험집단과 통제집단에 대한 사전검사와 사후검사를 통해 종속변수에 미치는 처치의 효과를 검증하는데 집단의 유사성을 확보하기 위해 (   )이 주로 활용된다.

009 실험연구는 외적 타당도에 영향을 미치는 요인들을 통제하는데 가장 유리한 연구방법이다.
해설 | 내적 타당도에 영향을 미치는 요인들을 통제하는 데 가장 유리한 연구방법이다.

010 실험적 연구방법은 어떤 가설의 타당성을 검증하거나 새로운 사실을 관찰하는데 유용하며, 인간을 대상으로 하는 연구를 쉽게 할 수 있다.
해설 | 인간을 대상으로 하는 연구를 쉽게 할 수 없다.

011 (   )의 조사는 범죄통계표의 한계를 보완할 수 있다.

012 암수범죄의 비율은 범죄의 유형에 상관없이 비교적 일정하다.
해설 | 암수범죄의 비율은 강력범죄는 낮고, 경미범죄는 높다.

013 자기보고조사(행위자조사)는 경미한 범죄보다는 살인, 강도 같은 강력범죄의 암수범죄를 파악하는 데에 유용하다.
해설 | 강력범죄보다는 경미범죄의 암수범죄 파악에 유용하다.

014 암수범죄의 조사에는 (   )가 가장 널리 사용된다.

015 실질적 의미의 범죄개념은 시간과 장소에 따라 변하지 않는 고정된 범죄개념을 전제로 하는 것이다.
해설 | 상대적 범죄개념을 전제로 하는 것이다.

016 형식적 의미의 범죄와 실질적 의미의 범죄가 모두 형사정책의 연구대상이 된다.

017 법규범은 사회규범의 일부에 불과하므로 일탈이 항상 범죄가 되지는 않으며 낙인이론은 일탈을 정의할 때 규범위반 여부보다 (　　　　　)을 중시한다.

정답 | 002 × 003 표본조사방법 004 × 005 사례조사방법 006 수직적 007 ○ 008 무작위 할당방법 009 × 010 × 011 암수범죄 012 × 013 × 014 피해자 조사 015 × 016 ○ 017 사회적 반응

---

018 고전주의 : 형사사법제도(= 형벌부과) '개선' → '범죄통제'에 중점을 두는 학파

　⊃ 인간의 자유의지 → 비결정론적 시각

019 실증주의 : 인간(행위)에 대한 과학적 '탐구' → '범죄원인'에 중점을 두는 학파

　⊃ 외부요인의 영향 → 결정론적 시각

020 제도학파지도(제작)학파, 범죄지리학파, 범죄통계학파 등으로도 불림

① 프랑스의 게리와 벨기에의 케틀레는 범죄발생률의 변화를 지도에 표시하여 각 나라의 사회환경 및 자연환경과 범죄의 발생 간 관계를 분석하였다.
② 일정한 범죄율 : 범죄는 전적으로 자유의지에 의한 것이 아니다.
　※ 재범률의 증가 : 형벌정책의 변화만으로는 범죄통제 불가하다. → 범죄는 사회의 환경적 요인에 의해 영향을 받는다.

021 롬브로조 : 범죄생물학, 생래적 범죄인(소질) = 범죄인의 외형적 특징

① 범죄생물학적 개념에서 생래적 범죄인을 제시
② 격세유전설
③ 범죄인 분류 : 생래적 범죄인(사형 또는 영구격리), 정신병범죄인(개선곤란), 격정범죄인(벌금), 기회범죄인(여성범), 관습범죄인(유형), 잠재적 범죄인(알코올, 분노상태)

022 페리 : 범죄사회학, 범죄포화의 법칙(환경) = 사회제도의 결함

① 인류학 + 범죄사회학적 입장, 프랑스 범죄사회학파의 영향 + 롬브로조의 영향 → 사회적 원인의
중요성 강조
  ➲ 범죄원인 : 사회적 요소 + 인류학적(개인적) 요소 + 물리적(자연적) 요소
② 범죄포화의 법칙 : (화학에서의 포화의 법칙과 같이) "일정한 개인적·사회적·자연적 환경에서는
그에 상응하는 일정량의 범죄가 발생한다."
  ➲ 형벌대용물 사상: 범죄를 유발하는 사회적 요인의 개선으로 사회제도와 법제도의 근본적인
개혁을 제시한다.
    예 이혼, 이민, 거래 등의 자유, 거리 조명의 개선 등 → 사회방위처분·보안처분의 시행 주장
③ 페리의 범죄인 유형분류 : 잠재적 없음, 대부분이 기회범인, 사형폐지론자

**023 가로팔로 : 인류학 + 범죄심리학적 입장[범죄심리학, 도덕적 정서의 결여(소질) = 범죄인의
내면적 특징]**

① 진정한 범죄인이란 생래적으로 평균인의 도덕적 정서가 결핍된 심리적 변종상태, 자연범(시간과
공간을 초월하는 독자적인 범죄) 개념으로 분류한다.
② 가로팔로의 범죄인(자연범) 유형분류
  • 모살범죄인 : 성실·연민 모두 결여(개선 불가) → 사형
  • 폭력범죄인 : 연민 결여, 무기형·부정기형
  • 재산범죄인 : 성실 결여, 무기형·강제노역
  • 풍속범죄인 : 도덕감수성 결여, 부정기형
  • 기타 유형 : 법정범(법률에 규정된 범죄 → 구금형), 과실범(처벌 ×)

024 프랑스 환경학파

  • 라카사뉴·타르드·뒤르켐의 공통점 : 범죄사회학(범죄원인 = 사회)
  • 라카사뉴 : 경제적 사정(= 경제상황), 거시환경론적 접근
  • 타르드 : 자본주의 경제체제(의 모순), 사회접촉(모방), '거시 + 미시'환경론적 접근
  • 뒤르켐 : 사회의 (아노미)상황, 거시환경론적 접근

025 라카사뉴(범죄인류학파 소속, 롬브로조와 견해 동일) → 변화 → 범죄의 원인은 환경

① 범죄의 원인으로 '(   ) 등 사회적 요소'로 강조한다.
② 프랑스통계자료 이용 : '곡물가격과 재산범죄의 관계' 분석 → 물가상승 및 실업증가로 범죄발생
증가
③ 사회는 범죄의 배양기이고 범죄자는 미생물에 해당한다. 처벌해야 하는 것은 범죄자가 아니라
사회이다 → 「사형과 범죄」 : 다만 각 국가의 실정에 따라 허용 가능(사형존치론)

026 타르드

① 범죄원인 : 마르크스(Marx)주의적 세계관 영향 → '자본주의 경제체제의 모순' 연구로 범죄자를 제외한 모든 사람에게 책임이 있다고 주장(극단적 환경결정론 주장 → 집단책임의 개념 제시) → 이탈리아 범죄인류학파와 견해 대립

  ⤷ 개인의 특성과 '사회와의 접촉과정'을 중시한다(범죄＝사회적 산물).

② 모방의 법칙 : 사회란 곧 모방으로, 범죄현상을 사회심리학적으로 설명

  ⤷ 인간의 행위는 타인의 행위를 모방한 결과물이다(거리·방향·삽입).

027 뒤르켐

① 범죄란 특정 사회에서 형벌부과의 대상으로 정의된 행위

  • 시간과 장소를 초월하는 범죄(자연범) 개념 부정

  • 사회의 무질서 상태 → 이기주의 발생 → 사회통제·규제 불가능 → 사회구성원들의 행동기준 상실(＝정신적 무규범 상태) → 범죄증가

② 범죄정상설 및 범죄필요설 주장

028 리스트(목적형주의자 + 주관주의 형법이론)

① 전 형법학 사상을 마부르크강령에서 주장

② 하멜, 프린스 등과 함께 국제형사학협회(IKV, 1888) 창설

③ 다원적 범죄원인론(개인·사회)을 제시하면서도 사회적 원인(환경)을 더 중시

④ 주관주의적 형벌이론

⑤ 범죄원인은 소질과 환경을 종합적으로 고려하여 파악

⑥ 형벌의 대상은 행위가 아니라 행위자

⑦ 형법은 형사정책의 넘어설 수 없는 장벽(한계) : 형사정책적 측면에 대해서만 강조하는 것은 형법의 보장적 기능(책임주의)에 위배될 수 있음을 경계

⑧ 최선의 사회정책이 최상의 형사정책이라고 주장

⑨ 범죄방지대책 : 부정기형의 채택, 최초로 단기자유형의 폐지 주장, 집행유예, 벌금형, 누진제의 합리화, 강제노역의 인정, 소년범에 대한 특별처우를 주장

029 아샤펜부르크 - 우·격·기·예·누·관·직

아샤펜부르크의 범죄인 분류 7분법(행위자의 위험성 기준 : 가장 전통적 분류)

• 우발범죄인 : 과실범

• 격정범죄인 : 충동범죄

• 기회범죄인 : 범행동기＝우연한 기회

• 예모범죄인 : 사전 계획범(위험성 ↑)

- 누범범죄인 : 상습범 포함
- 관습범죄인 : 범죄＝습관
- 직업범죄인 : 범죄＝직업
- 범죄대책 : 「범죄와 그 대책」 → 리스트의 사상을 구체화(세분화) → 개별적 대책 : 범죄예방, 형벌 대책, 소년범·정신병질자의 특수대책

030 롬브로조 견해의 비판 등

① 고링(비판 : 영국의 수형자 vs 일반인 간 '신체적 특징'을 비교하였으나 신체적 차이 없음) → "신체적 특징에 따라 범죄자와 일반인을 구분할 수는 없다"고 주장
➔ 범죄의 원인으로서 선천성(＝유전적 측면)에 의한 '생물학적 열등성'은 인정하였다.
② 후튼(지지 : 미국의 수형자 vs 일반인 간 '신체적 특징'을 비교하였더니 신체적 차이 있음) → "범죄자에게는 일반인보다 열등한 신체적 특징이 발견되었다"고 주장

031 체격과 범죄 : 크레취머, 셀던, 글룩 부부(중배엽형과 비행 간에는 관련성이 있다는 셀던과 동일한 주장), 코르데

크레취머	셀던	정신병질(기질성)	범죄형태	범죄시기
투사형	중배엽 우월성	간질병질 (점착성 기질)	• 범죄가 가장 많음 • 폭력적 재산범, 풍속범 및 조발상습범 • 폭력, 상해 등 신체상의 범죄	사춘기
세장형	외배엽 우월성	분열병질 (분열성 기질)	사기, 절도 및 누범	사춘기
비만형	내배엽 우월성	순환병질 (순환성 기질)	• 범죄가 적음 • 기회적·우발적 범죄	갱년기
발육 부전형	–	–	비폭력적 풍속범	사춘기 후기

032 생물학적 범죄원인

유전적 결함	범죄인 가계	쌍생아 연구	입양아 연구	성염색체 이상(증가)
부모 → 자녀	범죄자	일란성 쌍생아 비교	친부모 범죄율 비율	세습 ×
슈툼플 글룩 부부	덕데일 고다드	갈튼, 랑게, 크리스찬센, 달가드와 크랭클린(부정)	슐싱어 크로우 허칭스와 메드닉	X염색체 (크라인펠터) Y염색체

033 프로이트의 범죄원인: 슈퍼에고의 과잉발달

슈퍼에고(초자아)가 지나치게 발달하면, 항상 죄책감이나 불안감 등을 느껴 범죄를 저지르고 처벌을 받음으로써 죄의식 해소와 안정감을 느끼고자 한다. → 반론 : 에이크혼(아이히호른) "슈퍼에고에 의해 통제되지 않은 이드에 있어 양심의 가책 없이 비행을 저지르게 된다."

034 정신병리적 결함과 범죄 – 슈나이더

① 상습사기범 : 발양성 정신병질자 ② 사이코패스 : 무정성(정성박약성) 정신병질자 ③ 상습누범자 : 의지박약성 정신병질자 ④ 화이트칼라범죄자 : 과장성(자기현시욕성) 정신병질자 ⑤ 소극적 범죄자 : (   )·자신결핍성·우울성 정신병질자

035 사이코패스(선천 또는 후천): 지능은 평균 이상, 사랑할 능력이나 타인에 대한 이타심 부재, 극단적 이기주의, (   ) 부족, 추상적 단어에 대한 이해 부족, 전체 인구의 1%, 수용자 4명 중 1명 정도

036 소시오패스(후천) : 사회와 관련한 병적 성질을 나타내는 성격, 전체 인구의 4%

037 암수범죄의 유형

유형	내용
절대적 암수범죄	• 실제로 범죄는 발생했지만 어느 누구도 인지하지 않았거나 기억조자 못하는 경우, 또는 피해자가 특정되어 있지 않거나 간접적 피해자만 존재하는 경우 • 매춘, 간통, 도박, 마약매매, 낙태, 성범죄 등
상대적 암수범죄	• 수사기관에 의해 인지되었으나 아직 해결이 되지 않은 범죄 • 법집행기관의 편견, 수사기관의 낮은 검거율, 증거채취능력의 부족 등이 원인

038 케틀러에 의하면, 공식적으로 인지된 범죄인 명역범죄(明域犯罪)와 인지되지 않은 암역범죄(暗域犯罪) 사이에 변함없는 고정관계가 존재한다면, 명역범죄가 큰 만큼 암역범죄도 크고, 명역범죄가 작은 만큼 암역범죄도 작다.

039 범죄과포화의 법칙 : 사회적·물리적 조건에 따라 살인, 강도, 절도 등 전형적인 범죄에 수반하여 공무집행방해, 장물범죄, 명예훼손죄, 위증죄 등의 반사적이고 부수적인 범죄가 발생한다.

040 아들러는 1970년대에 들어서 여성범죄의 원인에 대해 새로이 주장하였다. 그는 전통적으로 여성범죄율이 낮은 이유는 여성의 사회경제적 지위가 낮기 때문이라고 보았는데, 여성의 사회적 역할이 변하고 그 생활상이 남성의 생활상과 유사해지면서 여성의 범죄활동도 남성과 닮아간다고 하는 신여성범죄자(new female criminal)를 제시하였다.

정답 | 025 경제적 사정 034 무력성 035 회피학습능력 038 ○ 039 ○ 040 ○

041 아샤펜부르크는 범죄인을 7종으로 분류하였는데 격정범죄인, 기회범죄인, 예모범죄인이 이에 해당하고, 확신범죄인은 이에 해당하지 않는다.

042 우리나라는 범죄인을 (   ), 상습범죄인, 소년범죄인, 심신장애인, 사상범죄인으로 분류하고 있다.

043 사회해체이론
① 파크 : 사회생태학, 생태학적 접근
② 버제스 : 동심원이론, 시카고 지역별 특징 연구
③ 쇼 & 맥케이 : 문화전달론, 범죄 지속하여 집중하는 원인, 틈새지역, 시카고 프로젝트
④ 버식 & 웹 : 사회해체론, 사회해체 = 지역사회의 무능력(   ) 부족
⑤ 샘슨 : 사회적 자본, 한 개인이 다른 사람 및 사회적 제도와 가지는 적극적 관계의 정도를 '사회적 자본'(Social Capital)이라 하고, 사회적 자본이 커질수록 범죄가능성은 작아지고, 사회적 자본이 적을수록 범죄가능성은 커진다.

044 아노미이론과 사회해체이론 비교

아노미이론	사회해체이론
보다 더 큰 사회적 조건	사회해체를 유발하는 지역사회의 조건
목표와 기회 간 모순 → '계층' 간 차별	인구이동 빈번 + '빈곤' + 인종 · 국적의 다양성
'하위계층'에 의한 범죄	

045 시카고 프로젝트(Chicago Area Project)란 시카고에 22개의 지역센터를 설립하여 주민들로 하여금 공동체의식을 함양시키기 위한 다양한 활동을 수행토록 하고, 지역 내 관습적 가치 유지, 책임감 있는 사람으로의 단합 등을 유도하여 도시지역사회를 재조직함으로써 사회통제력을 증진시키고자 한 사례를 말하며, 사회해체이론과 관련이 있다.

046 머튼의 '아노미 상황에서의 개인별 적응방식'

유형	문화적 목표	합법적 수단	특징
동조형	+	+	사회가 인정하는 목표·수단을 수용하여 정상적인 생활유지(대다수의 사람들이 해당)
혁신형	+	−	• 범죄자들의 전형적인 적응방식 • 목표를 수용하므로 합법적 수단 대신 불법적 수단으로써 목표를 달성하려는 유형(에 절도, 사기 등) • 머튼이 가장 관심 있게 다룬 유형으로, 하위계층의 높은 범죄율을 설명하는 데 공헌
의례형	−	+	목표 자체는 포기했으나, 합법적 수단은 수용하므로 문제를 일으키지는 않는 유형(에 무사안일주의 공무원)
도피형	−	−	목표와 수단 모두를 거부하여 사회로부터 도피해 버리는 유형(에 마약중독자, 부랑자 등 → 범죄에 노출될 위험 높음)
반역형	±	±	기존의 목표와 수단 모두를 거부하고 이를 대신할 새로운 목표와 수단을 제시하는 유형(에 폭력혁명을 주창하는 정치범)

+는 수용, −는 거부, ±는 제3의 대안 추구

① 목표와 수단 중 하나라도 거부하는 유형＝'일탈자'로 간주
② '동조형'만 정상적인 적응방식
③ '혁신형, 의례형, 도피형, 반역형' 모두 반사회적(일탈적) 적응방식
  • 이 중에서 '범죄적 적응방식'은 '혁신형, 도피형, 반역형'
  • 범죄학적으로 가장 문제 되는 방식은 (   )('범죄형'이라고도 함)

047 머튼과 애그뉴의 이론 비교

머튼(거시적)	애그뉴(미시적)
사회계층의 차이 → 범죄율	긴장을 느끼는 개인의 차이 → 범죄율
경제적 하위계층의 범죄율 높음	긴장(스트레스)을 많이 느끼는 개인의 범죄율 높음 (모든 사회계층에 적용 가능)

048 애그뉴(Agnew)의 일반긴장이론

구분	내용	
의의	긴장이나 스트레스가 많은 생활에 노출된 사람은 그 긴장이나 스트레스에 대처하는 방법으로서 범죄나 비행을 저지른다는 이론으로, 범죄나 비행이 긴장이나 스트레스의 고통을 경감시키고 만족감을 주게 된다고 주장	
배경	애그뉴는 심리학적 요소인 긴장이나 스트레스를 도입하여 거시이론인 머튼(R. Merto)의 아노미이론을 미시적인 관점에서 비판하고 대폭 수정·확대함으로써 일반이론으로 정립	
긴장의 원인	목표달성의 실패	열망과 기대, 기대와 성취 사이의 괴리 및 불공정한 성취에 대한 인식 등
	긍정적 자극의 소멸	부모의 사망, 친구와의 이별 등
	부정적 자극의 발생	부모의 학대, 선생님의 체벌, 친구의 괴롭힘 등

049 밀러의 하류계층문화이론

하위계층의 주요 관심사 : 말썽 — 사고치기, 강건함 — 사나움, 교활 — 영리함, 흥분추구, 숙명 — 운명주의, 독자성

050 코헨의 비행하위문화이론

① 코헨이 제시한 소년들의 3가지 대안적 행동유형(= '반응형성' 개념)
- 모퉁이 소년(corner boy) : 가장 일반적인 반응으로, 친구들과 거리를 서성이며 사소한 비행을 저지른다.
- 대학생 소년(College boy) : 비행·일탈반응 없이 중산층의 문화·가치를 수용하고자 노력한다.
- 비행소년(delinquent boy) : 중산층의 문화·가치를 거부하고 정반대의 문화(비행하위문화)를 형성한다.
② (   ), 악의성, 부정성, 단기적 쾌락주의, 집단자율성의 강조

구분	하위계층문화이론	비행하위문화이론
학자	밀러	코헨
범죄원인	하위계층 청소년의 주요 관심사에 대한 동조 및 추구	중류계층의 가치와 행동규범에 대한 악의적인 원한이나 울분의 표시

051 클로워드와 올린(Cloward & Ohlin)의 차별적 기회구조이론

① 의의
- 아노미현상을 비행적 하위문화의 촉발요인으로 본다는 점에서 머튼(Merton)의 영향을 받았고, 머튼(Merton)의 이론을 확대·발전시켰다.
- 성공이나 출세를 위해 합법적 수단을 사용할 수 없는 사람들은 바로 비합법적 수단을 사용할 것이라는 머튼(Merton)의 가정에 동의하지 않는다.
- 클로워드와 올린은 사회 내에는 독립적 일탈하위문화가 존재한다는 코헨의 주장에 동의하였다 (범죄적 하위문화).

② 주요 내용
- 문화전달이론, 차별적 접촉이론, 아노미이론을 종합한 것이다.
- 개인이 합법적인 기회구조와 비합법적인 기회구조라는 양자에 걸친 지위에 있다고 가정한다.
- 두 가지 기회구조 중 어떠한 수단을 취하는지는 사회구조와의 관계에서 어떠한 수단을 취할 수 있는 위치에 있는지에 달려 있다고 본다.
- 범죄는 개인의 심리적 결단의 문제가 아니라, 어떠한 하위문화(범죄적·갈등적·도피적)에 속해 있는지의 문제이다.

③ 개인적 적응양식의 유형(머튼의 모형수정)
- 범죄적 하위문화(혁신형) : 범행이 장려·생활화, 성인범죄자와 긴밀한 연계
- 갈등적 하위문화(공격형) : 욕구불만을 폭력이나 집단싸움으로 해소, 위험성이 가장 낮음, 취업이나 결혼 후에 정상생활
- 도피적 하위문화(도피형) : 이중실패자, 알코올·약물중독자

052 엘리엇의 통합이론

① 엘리엇(Elliott)과 동료들은 긴장이론, 사회통제이론 및 사회학습이론을 결합한 통합이론을 제시하였다.

② 긴장이론과 사회통제이론의 결합 — 성공에 대한 열망의 반대방향으로 작동
- 긴장이론: 긍정적 목표를 달성하기 위한 기회가 차단되었다고 느끼는 개인에게 성공에 대한 높은 열망은 관습적 수단을 포기하고 불법적 수단을 선택하게 만드는 요인이 됨
- 사회통제이론: 높은 성공 열망은 교육과 같은 제도화된 수단에 대한 몰입을 높여 범죄의 유혹에 빠지지 않도록 하는 규범적 통제기제로 작용

③ 사회통제이론과 사회학습이론의 결합
- 사회통제이론은 사회적 유대가 약한 청소년이 범죄를 저지른다고 주장하였으나, 엘리엇과 동료

들은 사회적 유대만으로는 충분한 설명이 되지 않는다고 비판하였고, 청소년의 비행행위는 특정 사회집단으로부터 지지나 보상을 받았을 때 그 비행행위가 유지된다는 점을 고려하여야 한다고 주장하였다.

- 비행 또래집단은 사회적 유대가 약한 청소년이 비행을 시작하고 지속하는 데 필수적인 사회적 조건을 제공한다.

⊃ 범죄를 저지르게 되는 인과과정 경로
  - 첫 번째 경로 : 가정과 학교 등 관습집단과의 유대가 약한 청소년이 비행 또래집단과 접촉하면서 범죄에 대한 학습이 이루어지는 과정
  - 두 번째 경로 : 초반에는 관습적 집단과의 사회적 유대가 강한 청소년들이 문화적으로 가치 있는 성공목표에 몰입하지만, 이를 성취하기 위한 제도적 수단과 기회가 제약됨으로써 긴장이 형성되고 사회적 유대가 느슨해지는 반면, 비행 또래집단과의 유대는 강화되어 범죄를 학습하게 되는 과정

053 헤이건의 권력통제이론(power-control theory)

① 헤이건(Hagan)은 마르크스주의 범죄이론이나 페미니스트 범죄이론과 같은 비판적 범죄학을 사회통제이론과 결합한 통합이론을 제시하였다.
② 사회의 계급구조와 전통적 가부장제가 어떻게 가정에서 자녀의 성별에 따라 차별적인 양육방식으로 적용되는지, 또 범죄성의 차이로 이어지는지 설명한다.

가부장적 가정	• 남편은 직장에서 권력적 지위이고, 아내는 전업주부이거나 직장에서 비권력적 지위 • 남성과 여성 간의 젠더계층화가 뚜렷하고, 아내는 남편의 통제에 종속 • 남성은 생산활동, 여성은 가사활동이라는 전통적 성역할 인식
양성평등적 가정	• 남편과 아내는 맞벌이부부로, 직장 내 지위의 격차가 별로 없음 • 가정 내에서도 남편과 아내 사이에 비교적 수평적 권력관계 유지 • 가부장적 가정에 비해 젠더계층화가 약하고, 성역할에 대한 고정관념도 덜함

③ 가정 내 젠더구조화 정도는 부모의 자녀 양육방식에 영향을 끼친다.

가부장적 가정	• 아들에 비해 딸의 행동을 더 엄격히 감시하고 통제 • 딸에게는 모험적 · 일탈적 행동을 허락하지 않아 사춘기 동안 비행이나 범죄에 별로 가담하지 않음 • 아들은 상대적으로 자유롭게 위험하거나 일탈적인 행동들을 저지름 • 가부장적 가정은 양성평등적 가정보다 청소년비행에 있어 성별차이가 심함
양성평등적 가정	• 딸과 아들에 대한 부모의 감시와 통제가 별반 차이 없음 • 젠더사회화를 통해 자녀들이 고정된 성역할을 받아들이도록 하지도 않음 • 자녀들의 비행과 범죄 정도에 있어서 성별차이가 뚜렷하게 나타나지 않음

054 콜빈과 폴리의 마르크스주의 통합이론

① 콜빈(Colvin)과 폴리(Poly)는 마르크스주의 범죄이론과 사회통제이론을 결합한 통합이론을 제시하였다.

② 자본주의 사회에서 자본가계급은 자신들의 이익을 극대화하기 위해 생산과정에 노동자계급을 세 가지 부류로 나누어 보다 효과적으로 통제하려고 한다.

계급	방식
미숙련 저임금 노동자	강압적 통제
노동조합 가입 노동자	물질적 보상
고숙련 고임금 노동자	업무자율성과 높은 지위, 의사결정권한 부여 등

③ 노동자계급에 따른 차별적 통제방식이 가정에서의 양육방식과 연관되어 있다고 보았는데, 노동자 계급의 청소년은 부모의 강압적 양육방식으로 인해 부모와의 유대관계가 약해지고, 이 때문에 범죄를 저지를 가능성이 크다고 한다.

④ 미숙련 저임금 노동자계급은 가장 문제시되는 부류로, 직장 내에서의 강압적 통제방식에 익숙해 진 이들은 가정에서 자녀들을 같은 방식으로 양육하고, 이로써 부모와 자녀, 학교 선생님 등과의 유대관계를 형성하지 못하게 된 자녀들은 낮은 학업성취도와 소외감을 겪음으로써 주류 사회화의 단절을 경험하게 되며, 비슷한 처지의 비행청소년들에게 이끌려 결국 비행에 가담하게 된다.

055 중화(Neutralization)이론 – 맛차와 사이크스(Matza & Sykes) : 상황적 결정론

구분	내용
책임의 부정	자신의 비행에 대해 사실상 책임이 없다고 합리화시키는 기술로, 비행의 책임을 열악한 가정환경, 부모의 잘못된 양육, 빈곤 등 외부적 요인으로 전가
가해의 부정	자신의 행위로 손상을 입거나 재산상 피해를 본 사람이 없다고 주장하며 자신의 비행을 합리화하는 기술
피해자의 부정	그 피해자는 피해를 입어도 마땅하다고 주장함으로써 자신의 비행을 합리화시키는 기술
비난자에 대한 비난	자신을 비난하는 사람을 비난함으로써 자신의 비행을 합리화시키는 기술
고도의 충성심에의 호소	사회의 일반적인 가치나 규범의 정당성을 인정하면서도, 더 높은 가치에 기반을 두어 자신의 비행을 합리화시키는 기술

056 통제이론 : "왜 어떤 사람은 사회적 규범을 준수하게 되는가"를 연구하였고, 반사회적 행위를 자행하는 근본적인 원인은 인간의 본성에 있다고 주장(고전주의적 시각)

057 라이스(Reiss)와 나이(Nye)의 개인 및 사회통제이론

① 라이스(Reiss, 1951) : 자기통제력과 범죄의 관계를 처음으로 지적
② 나이(Nye, 1958) : 비공식적 간접통제가 소년비행을 예방할 수 있는 가장 효율적인 방법이라고 주장

058 자아관념이론과 봉쇄이론(Containment theory, 1961) - 레클리스(Reckless)

① 자아관념이론 - 레클리스(Reckless), 디니츠(Dinitz), 머레이(Murray)
  • 어떠한 사람은 왜 범죄에 빠지지 않는가가 연구의 대상
  • 자아관념은 가정에서 이루어지는 사회화교육에 크게 영향을 받아 12세 이전에 대체로 형성
② 봉쇄이론(Containment Theory) - 레클리스(Reckless) : 반사회적 행동으로 이끄는 힘(압력요인
  · 유인요인 · 배출요인)이 강하면 범죄나 비행을 저지르게 되고, 반대로 차단하는 힘(외적 요인·
  내적 요인)이 강하면 비록 이끄는 힘이 있더라도 범죄나 비행을 자제

059 허쉬(T. Hirschi)의 사회통제이론＝사회유대(연대)이론

① 기본가정 : 인간은 누구나 범죄적 잠재성을 지니고 있다는 고전주의 관점에 기초
② 개인이 사회와 유대관계를 맺는 방법

구분	내용
애착 (attachment)	애정과 정서적 관심으로써 개인이 사회와 맺고 있는 유대관계를 의미하는데, 애착에 의한 사회유대를 가장 강조
전념 (commitment)	규범준수에 따른 사회적 보상에 대한 관심으로, 각자의 합리적 판단을 바탕으로 개인과 사회의 유대관계가 형성·유지
참여 (involvement)	행위적 측면에서 개인이 사회와 맺고 있는 유대관계로, 인습적 사회활동에 개인이 시간적으로 얼마나 참여하고 있는지에 따라 평가
신념 (belief)	관습적 규범의 내면화로써 개인이 사회와 맺고 있는 유대관계로, 개인이 법 또는 사회규범을 받아들이는 정도를 의미

060 갓프레드슨과 허쉬의 일반이론(자기통제력＋기회)

① 범죄성향(자기통제력)과 범죄기회를 통합함으로써 유사한 환경 속에서 자란 아이들 중 누군가는 범죄를 저지르고, 다른 누군가는 범죄를 저지르지 않는지를 설명한 이론(충동적 성격 → 낮은 자아통제력 → 사회유대의 약화＋범죄기회＝범죄행위)
② 자기통제력은 어릴 때 부모의 양육방식에 의해 결정된다고 주장 → 가정에서 부모의 역할 강조 (실증주의적 시각)
③ 욕구충족을 위한 기회가 주어진다면, (   )이 강한 사람도 범죄행위 가능 → 결론적으로 범행기회가 주어진다면 자기통제력은 제 기능을 발휘하지 못한다는 주장(고전주의)

정답 | 041 ○ 042 우발범죄인 043 안정성 045 ○ 046 혁신형 050 비공리성 060 자기통제력

061 콜빈의 차별적 강제(강압)이론

① 개인의 낮은 자기통제력은 충동적 성격이 원인이 아니라, 개인으로서도 어쩔 수 없는 외부의 강제적 작용이 원인

② 강제는 사람에 대한 직접적인 폭력이나 위협, 타인으로부터의 협박과 같은 사람 사이의 강제(인격적 강제)와, 개인이 통제할 수 없는 실업, 빈곤 등 경제적·사회적 압력과 같은 비인격적 강제로 구분

③ 강압적인 환경에서의 성장 → 자기통제력 약화 → 강압적인 환경에의 노출 → 범죄행위 → 형사사법기관의 강압적인 대응 → 악순환 반복

062 통제이론의 정리

라이스 & 나이	레클리스 & 디니츠	브라이어 & 필리아빈	허쉬	콜빈	사이크스 & 맛차
개인의 자기통제력	자아관념이론	동조성 전념이론	사회유대이론 (사회유대 맺는 4가지 방법)	차별적 강제이론	중화기술이론
사회통제방법 유형분류	범죄원인 = 자아관념 차이	= 내적 통제 의미	**갓프레드슨 & 허쉬** 범죄일반이론 (자기통제력 + 범행기회)	강제적 환경 ∨ 낮은 자기통제력	일탈의 계기 = 중화(합리화) 기술

063 티틀의 통제균형이론(control balance theory)

구분	내용
일반이론 제시	• 차별적 학습이론, 아노미이론, 갈등이론, 낙인이론, 억제이론, 일상생활양식이론 등의 핵심적 요소를 통합하는 일탈의 일반이론을 제시하였다. • '통제균형'(control balance)이라는 개념을 도입하여 통합을 시도하였다.
통제량과 피통제량	• 통제량(자신이 행사할 수 있는 통제의 양)과 피통제량(자신이 통제를 당하는 통제의 양)의 상대적 크기가 실제로 발생할 수 있는 일탈의 유형뿐만 아니라 일탈의 발생가능성까지도 결정한다. • 통제가 균형을 이루지 못할 경우에는 일탈의 원인이 될 수 있다.
통제결핍과 통제과잉	• 피통제량이 통제량을 초과하는 경우에는 통제결핍(control deficits), 통제량이 피통제량을 초과하는 경우에는 통제과잉(control surpluses)이 나타난다. • 통제결핍이나 통제과잉은 모두 범죄와 관련된다. 즉, 통제균형 상태에서 개인은 순응적이 되나, 통제결핍이나 통제과잉 상태에 이르게 되면 범죄는 점차 증가하게 된다.

064 상호작용이론(톰베리)

① 약화된 유대 → 비행친구들과의 관계가 발전하여 비행에 참여 → 다른 친구들과의 유대 더욱 약화

　　　→ 만성적 범죄경력 유지
　② 범죄와 사회적 과정은 상호작용적

065　모피트

① 신경심리학, 낙인이론 및 긴장이론의 입장에서 범죄경력의 발전과정을 설명하였고, 생물사회이론 범죄학자답게 생물학적 특성을 보다 강조
② 범죄자를 청소년기 한정형 범죄자(성장격차, 지위모방)와 생애 지속형 범죄자(신경심리계 손상, 충동적, 언어학습능력 부족)로 분류하였는데, 청소년기 한정형 범죄자보다 생애 지속형 범죄자가 정신건강상의 문제를 더 많이 가지고 있다고 주장

066　브레이스웨이트의 재통합적 수치심부여이론

① 재통합적 수치와 오명적 수치 그리고 범죄와의 상관관계를 규명한 이론
② 재통합적 수치 : 수치를 주는 사람이 수치를 받는 사람과의 유대를 지속할 것이라는 확신을 주는 경우 → 낮은 범죄율 유도
③ 오명적 수치 : 수치를 줌으로써 수치를 받는 사람으로 하여금 일탈을 느끼게끔 하는 경우 → 높은 범죄율 초래

067　엘리아 앤더슨의 거리의 규범이론 : 소외감·고립감의 정도에 따라 구분

① 고상한 집단 : 중산층의 가치 반영(시민규범 내면화)
② 거리집단 : 거리규범

068　낙인이론의 특징

① (범죄의 원인이 아닌) 특정한 행동에 대해 사회가 '일탈'로써 낙인을 찍는 이유
　낙인이론에서의 '일탈' 개념('과정'을 중요시)
② '일탈'='한 사람'의 행동에 의한 결과물이 아닌 (여러 사람이 영향을 끼치는) '집합적 행동'이라고 판단(→ '일탈자'와 '일반인'(=비일탈자) 사이의 상호작용도 중요)
③ "어떠한 행동을 일탈이라고 해석(=의미부여)하는가?" → "이러한 해석은 행위자에게 어떠한 영향을 주는가?" : '상징'적 '상호작용'
　⊃ '일탈'이라 의미를 부여한 '특정 행동'을 한 사람을 사회는 '일탈자'라 칭하고, 이에 '반응'(낙인)을 하게 된다(∴ 사회반응이론이라고도 함).

069 전통적 범죄이론과 낙인이론 비교

전통적 범죄이론	낙인이론
'왜' 범죄를 저지르는가?	어떠한 행위를 범죄라고 '규정'하는가?
범죄의 '원인'	범죄자가 되는 '과정'

070 낙인의 과정

071 탄넨바움의 '악의 극화'

① 소년의 가벼운 비행을 각색하여 '악'(한 행동)으로 만드는 것을 말한다.
   비행·범죄에 이르게 하는 과정='악의 극화'
② 소년비행의 초기행동에 사회는 '꼬리표'(낙인)를 붙인다.
③ 이후 그 소년들의 모든 행동에 (색안경을 끼고 의심) 사회는 비난·질책을 하고, 이에 (꼬리표대로) 소년들은 스스로 '부정적인 자아관념'을 형성하게 된다.

072 레머트의 '사회적 낙인'과 일탈(비공식적 낙인보다 공식적 낙인이 중요)

① 체계화 & 발전
② 레머트의 주장 : '2차적 일탈' 개념 제시, 탄넨바움의 이론 구체화 → '최초 일탈에 대한 사회적 반응의 결과'
   • 최초 일탈(=1차적 일탈) : 다양한 원인에 의해 발생되어 최초의 사회적 반응 초래(개인의 자아관념이나 사회적 지위에 영향 ×)
   • (이와 달리) 2차적 일탈 : 최초 일탈로써 '일탈자'로 낙인찍혀('악의 극화' 발생) 사회적 관계, 지위, 기회 등에 부정적인 영향을 받고, 이에 부정적인 자아관념이 형성(=트라우마)되어 일탈을 반복(개인의 자아관념, 사회적 지위에 영향 ○)

073 최초 일탈(1차적 일탈)이 → 2차적 일탈로 '악화'되는 과정

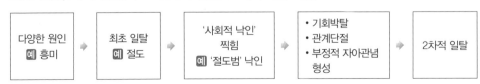

'사회적 낙인'의 유형구분(2가지) : 사회구성원＋'사법기관'
- 다원화된 현대사회에서 사법기관의 공식반응(낙인)은 광범위한 영향력 행사(※ 레머트는 이에 주목)
- '최초 일탈자'를 '2차적 일탈자'로 악화시키는 원인으로 '사법기관'의 낙인효과 강조

074 레머트가 제시한, '사법기관의 공식반응'에 의한 낙인효과(5가지)

① 낙인찍기 : 사법기관에 의한 처벌, 전과기록 등 → 불명예(＝오명 씌우기)
② 불공정의 자각 : 불공정한 사법집행을 경험 → 사회정의 불신
③ 제도적 강제의 수용 : 형사처벌('범죄자' 신분) → 받아들일 수밖에 없게 됨
④ 일탈하위문화에 의한 사회화 : 교정시설 내에 형성된 '특유의 일탈하위문화' 경험(접촉) → 범죄기술·가치 '학습'
⑤ 부정적 정체성의 긍정적 측면 : '부정적 정체성'(부정적 자아관념 형성) → 죄책감, 책임감 등으로부터 도피 가능

075 베커의 사회적 지위와 일탈

① 베커의 주장 : 일탈에 대한 '사회적 반응'(낙인) 비판
② 레머트의 이론 확장 : '일탈'의 통제가 오히려 '일탈'을 증가시킨다고 주장
③ '일탈은 다른 사람들이 일탈이라고 낙인찍은 행위'이고, '일탈자는 그 낙인이 성공적으로 적용된 사람'
   - "어떤 행위가 일탈인지 아닌지의 여부는 '시간에 따라' 다르고, '누가' 그 행위를 저질렀는지, 그로 인해 누가 피해를 입었는지에 따라 달라진다."
   - '2차적 일탈' 관련 개념 ＝ '주지위'(＝master status)
   ➲ 베커는 '일탈자'라는 낙인으로써 변화되는 '사회적 지위'를 강조
④ '일탈자'라는 낙인도 일종의 사회적 지위(신분)로 작용하여 그 사람의 사회적 상호작용(관계)에 큰 영향을 끼친다.
⑤ '일탈자'라는 낙인은 기존의 사회적 지위를 '압도'하고 '주지위'로 작용하게 된다.
   ➲ 베커의 이론은 '단계적 이론'에 해당 → 반복적인 범죄현상(재범·누범)을 설명
⑥ 최초 일탈에 대한 낙인이 '주지위'를 변화시켜 일탈적 환경과의 접촉을 초래함으로써 다음 단계의 일탈 유발

076 슈어의 '자아관념'과 일탈

① 체계화 & 발전
② 슈어의 이론 특징 : 자아낙인 개념 제시

077 베커와 슈어의 이론 비교

베커	슈어
규범위반 → 자동적 낙인	×
최초 일탈 → 2차적 일탈은 단계적 과정	단계적(즉각적)이지 않은 (자신과의) 우회적 협상과정

낙인에 대한 '개인의 적응'을 고려 : '개인적 노력' 여하에 따라 '낙인'의 영향 차이 → 낙인을 '수용'하기도 하고, '회피'하기도 한다.

078 셀린(Sellin)의 '문화갈등이론'(=다원주의 갈등이론)

① 서로 다른 문화적 집단 사이의 갈등에서 행동규범의 충돌 발생
② 범죄원인 : '문화적 차이'에 따른 갈등
③ 이론배경 : 사회를 구성하는 집단들이 서로 다른 문화를 바탕으로 서로 다른 '행위규범'(=행동규칙) 형성
④ 사회가 복잡해짐에 따라 집단 간 행동규범의 갈등·충돌이 발생하여 "문화갈등"이라는 개념을 제시하고 유형 구분

079 셀린이 구분한 문화갈등의 유형(2가지)

① 1차적 문화갈등 : 이질적인 문화 사이에서 발생하는 갈등
   예 문화경계지역, 식민화지역 : 하나의 문화가 다른 문화영역으로 확장
      이민집단 : 특정 문화집단의 구성원이 다른 문화영역으로 이동
② 2차적 문화갈등 : 하나의 단일문화가 다른 행위규범을 갖는 여러 개의 하위문화로 분화되는 갈등
   예 사회발전에 따른 도시와 농촌 간 갈등, 세대 간 갈등
※ 이러한 문화갈등이 발생하면 다양한 가치를 하나의 문화에 반영하는 것이 불가능하게 되어 결국 '가장 지배적인 문화'의 행위규범만을 반영하게 된다.

080 보수적 갈등이론 개념정리

셀린	볼드	터크
문화갈등	집단갈등	권력갈등
문화적 차이	집단 간 이익갈등	• 집단 간 권력 확보 • 지배집단 vs 피지배집단 • 범죄화 3요소

081 급진적 갈등이론(비판범죄학) : 기존 범죄학이론의 문제점을 지적하고, '거시적 관점(주요)＋ 미시적 접근'으로 분석(범죄의 원인 : 자본주의사회의 모순 → '계급갈등' 유발)

082 낙인이론과 급진적 갈등이론 비교

구분	낙인이론	급진적 갈등이론
관점	미시적 이론 → 사회과정이론	거시적 이론 → 사회구조이론
원인	사회적 상호작용	자본주의사회의 구조적 모순
대책	범죄통제 비판(불간섭주의)	투쟁을 위한 체제전환

083 퀴니가 구분한 노동자계급과 자본가계급에 의한 범죄유형

① 노동자(피지배계급)
  • 적응범죄
    – 자본주의체제에 대한 일종의 적응행위
    – 자본주의로 인해 열악한 생활을 하는 노동자들이 약탈범죄를 통한 보상심리, 대인범죄를 통한 폭력성 표출
  • 대항범죄
    – 자본가계급의 지배에 대항하는 범죄유형
    – 노동자계급이 자본주의의 모순에 저항·극복하는 과정에서 발생하는 행위를 국가가 '범죄'로 규정 **예** 비폭력 혁명행위
② 자본가(지배계급)
  • 지배와 억압의 범죄
    – 자본가계급이 자신의 이익을 보호하기 위해 저지르는 범죄유형
    – 지배체제를 유지해 나가는 과정에서 자신들이 만든 법을 스스로 위반하는 경우에 발생
  • 기업범죄 : 경제적 지배를 도모하기 위해 저지르는 범죄유형 **예** 부당내부거래, 가격담합 등
  • 통제범죄 : 불공정한 사법기관의 활동
  • 정부범죄 : 공무원, 정부의 관리들이 저지르는 부정부패 범죄유형

084 급진적 갈등이론 정리

마르크스	봉거	퀴니
계급투쟁	자본주의 > 도덕적 타락	범죄의 사회적 현실
경제적 계급 간 갈등	불공평한 경제적 분배	지배계급의 (범죄를 이용한) 계급통제

085 (   )는 1923년 최초의 점수법을 고안하여 수용자 중 가석방 대상자를 가려내기 위해 수용기간 내 교정·개선 여부 등 약 60여 개의 항목으로 재범가능성을 점수화하여 범죄예측을 하였다.

086 버제스(Burgess)는 1928년 3,000명의 가석방자를 대상으로 21개의 인자를 분석하여 공통점을 추출함으로써 실점부여방식에 의한 예측표를 작성하였다.

087 글룩(Glueck) 부부는 1940년대 메사추세츠의 비행소년 500명과 보스턴의 일반소년 500명을 비교연구하여 약 300여 개의 인자를 추출하였는데, 그중 아버지의 훈육, 어머니의 감독, 아버지의 애정, 어머니의 애정, 가족의 결집력 등 다섯 가지 요인을 점수로 부여하여 합산하는 가중실점방식에 의한 조기예측표를 제시하였다.

088 제프리(Jeffery)의 범죄대책모델

모델	내용
범죄통제모델	고전학파의 비결정론적 인간관을 전제로 범죄예방수단으로서 형벌을 통한 범죄방지를 강조하는 모델로, 가장 전통적이면서 기본적인 범죄대책모델
사회복귀모델	• 실증주의의 결정론적 인간관을 전제로 특별예방적 관점에서 형사정책수단으로써 범죄인의 재범방지 및 재사회화를 강조하는 모델로, 오늘날 가장 기본이 되는 범죄대책모델 • 범죄인의 건전한 사회복귀를 위한 수단으로서 임상적 개선방법, 교육, 직업훈련, 지역활동, 복지정책 등 사회정책적 수단 사용 강조
사회환경 개선을 통한 범죄예방모델	• 범죄의 원인을 개인과 환경의 상호작용에서 찾고, 사회적 범죄환경요인을 개선 내지 제거함으로써 궁극적인 범죄방지가 가능하다고 보며, 범죄발생 자체를 방지하여 범죄에 대한 근본적인 대책을 강조하는 범죄대책모델 • 제프리가 특히 강조한 모델로, 범죄통제모델이나 사회복귀모델과 달리 범죄인에 대한 직접적인 통제가 아닌 도시정책, 환경정화, 인간관계 개선, 정치·경제·사회 각 분야의 갈등해소 등 사회환경 개선을 통한 범죄예방 강조

089 코헨(Cohen)과 펠슨(Felson)의 일상생활이론(Routine Activities Theory)에 의하면, 범죄발생 여부는 범행동기를 지닌 범죄자, 적절한 범행대상, 범행을 막을 수 있는 사람의 부존재라는 세 가지 변수에 의해 결정되는데, 이는 (   )의 이론이다.

090 생활양식·노출이론(Lifestyle–Exposure Theory)이 사회계층별 '범죄자 접촉기회'와 '범죄위험에의 노출'이라는 구조적 요소를 중시한 반면, 일상활동이론(Routine Activity Theory)은 '범죄대상으로서의 매력'이나 '감시의 부재'와 같은 (   )를 중시한다.

091 제프리(Jeffrey)의 환경설계를 통한 범죄예방(CPTED)

① 상황적 범죄예방이론을 바탕으로 건물이나 도시구조의 형태, 조명, 조경 등을 개선하여 범죄기회를 차단함으로써 기회성 범죄를 예방하기 위한 전략

② CPTED의 기본원리 : 자연적 감시, 접근통제, 영역성 강화, 활동지원, 유지·관리 등

092 윌슨과 켈링(Wilson & Kelling)은 심리학자 짐바르도(Zimbardo)가 실시한 실험결과(유리창이 깨진 차를 거리에 방치한 결과 사람들에 의해 차가 완전히 파괴)를 토대로 '깨진유리창이론'을 발표하고, 지역사회의 환경적 퇴락이 범죄의 증가를 초래하며, 범죄예방을 위해서는 환경적 퇴락을 방지하는 것이 중요하다고 주장하였다.

093 가정폭력범죄의 처벌 등에 관한 특례법상 사회봉사명령의 법적 성질 및 형벌불소급원칙의 적용 여부

가정폭력처벌법이 정한 보호처분 중의 하나인 사회봉사명령은 가정폭력범죄를 범한 자에 대하여 환경의 조정과 성행의 교정을 목적으로 하는 것으로서 형벌 그 자체가 아니라 보안처분의 성격을 가지는 것이 사실이나, 한편으로 이는 가정폭력범죄행위에 대하여 형사처벌 대신 부과되는 것으로서, 가정폭력범죄를 범한 자에게 의무적 노동을 부과하고 여가시간을 박탈하여 실질적으로는 신체적 자유를 제한하게 되므로, 이에 대하여는 원칙적으로 형벌불소급의 원칙에 따라 행위시법을 적용함이 상당하다. 그렇다면 가정폭력범죄의 처벌 등에 관한 특례법상 사회봉사명령을 부과하면서, 행위시법상 사회봉사명령 부과시간의 상한인 100시간을 초과하여 상한을 200시간으로 올린 신법을 적용한 것은 위법하다(대법원 2008.7.24. 2008어4).

094 형벌에 관한 죄형법정주의나 일사부재리 또는 법률불소급의 원칙의 보안처분에 적용 여부

일반적으로 보안처분은 반사회적 위험성을 가진 자에 대하여 사회방위와 교화를 목적으로 격리수용하는 예방적처분이라는 점에서 범죄행위를 한 자에 대하여 응보를 주된 목적으로 그 책임을 추궁하는 사후적 처분인 형벌과 구별되어 그 본질을 달리하는 것으로서 형벌에 관한 죄형법정주의나 일사부재리 또는 법률불소급의 원칙은 보안처분에 그대로 적용되지 않는다(대법원 1988.11.16. 88초60).

095 베카리아는 인도주의적 입장에서 범죄자에 대한 사면을 적극 활용해야 한다고 주장하였다.

해설 | 범죄자에 대한 사면을 적극 반대하였다.

096 감옥개량운동을 전개한 존 하워드는, 수형자는 사회성을 유지하기 위해 혼거하여야 한다고 주장하였다.

해설 | 독거하여야 한다고 주장하였다.

097 고전주의가 범죄행위에 초점을 둔다면, 실증주의는 개별 범죄인에 초점을 둔다.

098 고전주의는 행위자의 위험성을 형벌부과의 기초로 한다.

해설 | 고전주의가 아닌 실증주의에 대한 설명이다.

099 고전주의가 계몽주의 사조의 영향을 받았다면, 실증주의는 (   ) 발전의 영향을 받았다.

100 실증주의가 인간행동에 대해 결정론적으로 해석을 한다면, 고전주의는 자유의지를 강조하는 편이다.

정답 | 085 워너 086 ○ 087 ○ 089 고전학파 090 상황적 요소 091 ○ 092 ○ 095 × 096 × 097 ○ 098 × 099 자연과학 100 ○

---

101 롬브로조(Lombroso)는 자유의지에 따라 이성적으로 행동하는 인간을 전제로 하여 범죄의 원인을 자연과학적 방법으로 분석하였다.

해설 | 롬브로조(Lombroso)는 소질을 전제로 하여 범죄의 원인을 자연과학적 방법으로 분석하였다.

102 페리(Ferri)는 범죄포화의 법칙을 주장하였으며 사회적·경제적·정치적 요소도 범죄의 원인이라고 주장하였다.

103 케틀레는 "사회환경은 범죄의 배양기이며, 범죄자는 미생물에 해당할 뿐이므로 벌해야 할 것은 범죄자가 아니라 사회이다"라고 주장하였다.

해설 | 케틀레가 아닌 라카사뉴의 주장이다.

104 타르드의 모방설은 범죄자는 태어날 때부터 범죄성을 지닌다는 가정을 통계적 방법으로 입증하고자 하였다.

해설 | 타르드의 모방설이 아닌 롬브로조에 대한 설명이다.

105 뒤르켐은 모든 사회와 시대에 공통적으로 적용될 수 있는 객관적 범죄가 존재한다고 주장하였다.

해설 | 뒤르켐은 객관적 범죄는 존재하지 않는다고 주장하였다.

106 (   )은 어느 사회든지 일정량의 범죄는 있을 수밖에 없으며, 범죄는 사회의 유지와 존속을 위해 일정한 순기능을 지닌다고 보았고, 구조기능주의 관점에서 범죄의 원인을 설명한 학자이며, 범죄필요설을 바탕으로 범죄정상이론을 주창하였다.

107 (   )는 마르부르크 강령(Marburg Programm)을 통해 목적형사상을 주장하였고, 부정기형의 채택이나 특별예방의 강조, 사회방위와 인권보장을 동시에 강조하였으며, 형벌과 보안처분은 차이가 없다는 일원주의를 주장하였다.

108 억제이론의 기초가 되는 것은 인간의 공리주의적 합리성이고, 억제이론에 따르면 범죄를 예방하기 위해 형벌의 집행이 가져야 할 중요한 세 가지 요소는 확실성 > 엄중성 > 신속성 순이다.

109 형벌의 특수적 억제효과란 범죄를 저지른 사람에 대한 처벌이 일반시민들로 하여금 처벌에 대한 두려움을 불러일으켜서 결과적으로 범죄가 억제되는 효과를 말한다.

해설 | 형벌의 특수적 억제효과가 아닌, 일반적 억제효과에 대한 설명이다.

110 범죄경제학은 (   ) 범죄학의 이론에 근거한다.

111 고링(Goring)은, 범죄는 신체적인 변이와 관련된 것이 아닌 (   )에 기인한 것이라고 주장함으로써 롬브로조를 비판하였으나, 후튼은 롬브로조를 지지하였다.

112 크레취머는 (   )와 성격의 연구를 통해 범죄의 상관성을 설명하고자 하였다.

113 사회해체이론은 비행이 사회해체에 기인하므로 비행예방을 위해서는, 개별 비행자의 처우보다 도시 생활환경에 영향을 미치는 사회의 (   )가 필요하다고 한다.

114 머튼의 긴장이론에 의하면, 다섯 가지 적응유형 중 혁신형(Innovation)이 범죄가능성이 제일 높은 유형이다.

115 머튼의 긴장이론은 하층계급을 포함한 모든 계층이 경험할 수 있는 긴장을 범죄의 주요 원인으로 제시하였다.

해설 │ 하류계층만이 경험할 수 있는 긴장을 범죄의 주요 원인으로 제시하였다.

116 밀러(W. Miller)는 하위계층 청소년들의 관심의 초점이 중산층 문화의 그것과는 다르기 때문에 범죄에 빠져들기 쉽다고 보았다.

117 코헨(Albert Cohen)은 사회의 중심문화와 빈곤계층 출신 소년들이 익숙한 생활 사이에 긴장이나 갈등이 발생하며 이러한 긴장관계를 해결하려는 시도에서 비행적 하위문화가 형성된다고 하였으며, 그 특징으로 비공리성, 악의성, 부정성(**否定性**) 등을 들고 있다.

118 밀러(Miller)나 코헨(Cohen)의 하위문화이론으로는 (   ) 출신 청소년의 범죄를 설명하기 곤란하다.

119 클로워드(Cloward)와 올린(Ohlin)은 비행적 하위문화로 '범죄적 하위문화', '갈등적 하위문화', '도피적 하위문화' 등 세 가지를 제시하고, 범죄적 가치나 지식을 습득할 기회가 가장 많은 문화는 (   )라고 주장하였다.

120 클로워드(Cloward)와 올린(Ohlin)의 차별적 기회구조이론에 의하면 성인들의 범죄가 조직화되지 않아 청소년들이 비합법적 수단에 접근할 수 없는 지역에서는 갈등적 하위문화가 형성되는데, 범죄기술을 전수할 기회가 없기 때문에 이 지역의 청소년들은 비폭력적이며 절도와 같은 재산범죄를 주로 저지른다.

해설 | 과시적인 폭력과 무분별한 갱 전쟁을 주로 저지른다.

121 서덜랜드(Sutherland)에 의하면, 범죄자는 원래부터 정상인과 다르기 때문에 범죄를 저지르는 것이 아니라, 타인들과 접촉하는 과정에서 범죄행위를 학습하기 때문에 범죄를 저지른다. 또한 범죄행위는 다른 사람들과의 상호작용과정에서 의사소통을 통해 학습되고, 범죄행위 학습의 중요한 부분은 친밀한 관계를 맺고 있는 집단에서 일어나며, 범죄행위 학습 시에 학습되는 주요 내용은 범죄기술, 범죄행위에 유리한 동기, 충동, 합리화방법 및 태도 등이다.

122 서덜랜드(Sutherland)에 따르면, 범죄자와 비범죄자의 차이는 접촉유형의 차이가 아니라, 학습과정의 차이에서 발생한다.

해설 | 학습과정의 차이가 아니라 접촉유형의 차이에서 발생한다.

123 서덜랜드(Sutherland)의 차별적 접촉이론에 의할 때 범죄행위는 일반적인 욕구나 가치관의 표현이지만, 동일한 욕구와 가치관이 비범죄적 행위를 통해 표현될 수도 있다.

124 글래이저(Glaser)의 차별적 동일시이론은 법위반에 우호적인 대상과 반드시 대면적 접촉을 필요로 하는 것은 아니므로, 영화나 소설 등을 통한 간접적 접촉을 통해서도 범죄행동을 모방할 수 있다.

125 버제스(Burgess)와 에이커스(Akers)에 따르면, 범죄행위를 학습하는 과정은 과거에 이러한 행위를 하였을 때에 주위로부터 칭찬, 인정, 더 나은 대우를 받는 등의 보상이 있었기 때문이다.

126 나이(Nye)는 사회통제방법을 직접통제, 간접통제, 내부통제로 나누고, 소년비행 예방에 가장 효율적인 방법은 내부통제라고 보았다.

해설 | 나이(Nye)는 사회통제방법을 직접통제, 간접통제, 비공식적 간접통제로 나누고, 소년비행 예방에 가장 효율적인 방법은 비공식적 간접통제라고 보았다.

127 레클리스의 (　　　)이론에 따르면, 비행다발지역의 청소년들 중에서 다수가 비행에 가담하지 않는 것은 자신에 대한 좋은 이미지를 통해 비행에의 유혹이나 압력을 단절시키기 때문이다.

128 레클리스(Reckless)는 봉쇄이론(containment theory)을 주장하면서 범죄나 비행으로 이끄는 힘을 압력요인, 유인요인, (　　　)으로 나누었다.

129 레클리스(Reckless)의 봉쇄이론에 의하면, 자기통제력은 범죄나 비행을 차단하는 외적 봉쇄요인에 해당한다.

해설 | 내적 봉쇄요인에 해당한다.

130 맛차(Matza)의 표류이론에 의하면, 대부분의 비행청소년들은 합법적인 영역에서 오랜 시간을 보낸다.

131 사이크스(Sykes)와 맛차(Matza)의 중화기술(techniques of neutralization)이론에 의하면, 중화기술의 유형에는 책임의 부정, (　　　), 피해자의 부정, 비난자에 대한 비난, 고도의 충성심에의 호소 등 5가지가 있다.

132 허쉬(Hirschi)의 사회유대이론은 누구나 반사회적 행위를 하려는 본성을 가지고 있다고 전제한다.

133 허쉬(Hirschi)의 사회통제이론(social control theory)은 "왜 범죄를 범하지 않는가"가 아니라 "왜 범죄를 범하는가"를 탐구한다.

해설 | "왜 범죄를 범하는가"가 아니라 "왜 범죄를 범하지 않는가"를 탐구한다.

134 허쉬의 사회통제이론에 의하면, 개인이 일상적 사회와 맺고 있는 유대가 범죄발생을 통제하는 기능을 하고, 개인과 사회 간의 애착(attachment), 전념(commitment), 참여(involvement), 믿음(belief)의 네 가지 관계를 중요시한다.

135 허쉬(Hirschi)는 개인의 사회적 활동에 대한 참여가 높을수록 일탈행동의 기회가 증가하여 비행이나 범죄를 저지를 가능성이 높다고 보았다.

해설 | 비행이나 범죄를 저지를 가능성이 낮다고 보았다.

136 낙인이론은 범죄행위 자체보다 범죄행위에 대한 형사사법기관의 반작용에 관심을 둔다.

137 낙인이론가들은 범죄의 원인보다 범죄자에 대한 사회적 반응을 중시하고, 사회적 금지가 일탈행위를 유발하거나 강화시킨다고 주장하였다.

138 낙인이론은 규범이나 가치에 대해 단일한 사회적 합의가 존재한다는 관점에 입각하고 있다.

해설 | 단일한 사회적 합의의 존재를 부정한다는 관점에 입각하고 있다.

139 탄넨바움(F. Tannenbaum)은 일탈행위를 1차적 일탈과 2차적 일탈로 구분한다.

해설 | 탄넨바움이 아닌 레머트에 대한 설명이다.

140 (   )는 일탈자의 지위는 다른 대부분의 지위보다도 더 중요한 지위가 된다고 하였다.

정답 | 121 ○ 122 × 123 ○ 124 ○ 125 ○ 126 × 127 자아관념 128 배출요인 129 × 130 ○ 131 가해의 부정 132 ○ 133 × 134 ○ 135 × 136 ○ 137 ○ 138 × 139 × 140 베커(Becker)

141 슈어(Schur)에 의하면, 이차적 일탈로의 발전은 레머트(Lemert)의 주장처럼 정형화된 발전 단계를 거치는 것이 아니라, 그 사람이 사회적 반응에 어떻게 반응하는지에 따라 외부적 낙인이 자아정체성에 영향을 미칠 수도 있고, 미치지 않을 수도 있다고 한다.

142 낙인이론에 입각한 범죄대응정책으로는 전환제도(diversion), 비시설화, 비범죄화 그리고 적정절차(due process) 등을 들 수 있다.

143 낙인이론에 의하면, 범죄자에 대한 엄격한 처벌이 범죄억제에 효과적이라고 본다.

해설 │ 낙인이론은 비형벌화가 범죄억제에 효과적이라고 본다.

144 낙인이론은 주로 2차적인 일탈보다는 개인적·사회적 원인들로부터 야기되는 1차적인 일탈을 설명하는 것이 핵심이다.

해설 │ 1차적인 일탈보다는 2차적인 일탈을 설명하는 것이 핵심이다.

145 낙인이론은 범죄의 원인을 범죄자의 개인적 특성에서 찾는다.

해설 │ 행위자에 대한 사회통제기관의 작용에서 찾는다.

146 (   )에 의하면, 법의 제정과 적용은 권력을 차지한 집단의 이익을 도모하는 방향으로 이루어지고, 형사사법절차에 있어서 빈부나 사회적 지위에 따라 불평등하게 법이 집행되며, 범죄통제는 지배계층의 피지배계층에 대한 억압수단이다.

147 셀린(Selin)은 동일한 문화 안에서 사회변화에 의해 갈등이 생기는 경우를 일차적 문화갈등이라 보고, 상이한 문화 안에서 갈등이 생기는 경우를 이차적 문화갈등이라 보았다.

해설 │ 상이한 문화 안에서 갈등이 생기는 경우를 일차적 문화갈등이라 보고, 동일한 문화 안에서 사회변화에 의해 갈등이 생기는 경우를 이차적 문화갈등이라 보았다.

148 (   )의 집단갈등이론에 의하면, 범죄는 집단 사이에 갈등이 일어나고 있는 상황에서 자신들의 이익과 목적을 제대로 방어하지 못한 집단의 구성원들이 자기의 이익을 추구하기 위해 표출하는 행위이다.

149 **멘델존의 범죄피해자 분류(5가지)**

① 기준 : 피해자의 '유책성' 정도(범죄발생에 있어 피해자의 책임이 얼마나 책임이 있는가)
② 분류
  • 유책성 × : 순수한(이상적인) 피해자
  • 유책성 小 : 무지에 의한 피해자
  • 가해자와 同 : 자발적 피해자(가해자의 유책성과 같음)
  • 가해자보다 大 : 가해자의 가해행위를 유발한 피해자
  • 유책성 가장 大 : 자신의 이욕적인 동기에 의해 타인을 공격하다가 반격을 당한 피해자
    예 공격적 피해자(가해자적 피해자), 기만적 피해자(무고죄의 범인), 상상적 피해자(피해망상에
    의한)

150 **쉐이퍼의 분류(기능적 책임) : 멘델존+헨티히**

① 무관한 피해자 : 책임이 없는 유형
② 유발적 피해자 : 일부 책임이 있는 유형
③ 촉진적 피해자 : 범죄자와 책임을 공유하는 유형
④ 연약한 피해자 : 사회적으로 나약하고 책임이 없는 유형
⑤ 신체적으로 나약한 피해자 : 신체적으로 나약하고 책임이 없는 유형
⑥ 자기피해자화 : 피해가 전적으로 자기책임인 유형(매춘, 약물 등)
⑦ 정치적 피해자 : 책임이 없는 유형

151 **헨티히의 범죄피해자 분류**

① 일반적 피해자 : 정신적·신체적 약자인 피해자
② 심리학적 피해자 : 정서불안이나 탐욕적·폭력적 피해자

152 **엘렌베르거의 범죄피해자 분류**

① 기준 : 심리학적 분류
② 분류 : 잠재적 피해자(피해자가 되기 쉬운 경향), 일반적 피해자

153 **레클리스의 범죄피해자 분류**

① 순수한 피해자 : '가해자 - 피해자' 모델(악의적인 가해자의 피해자가 된 경우)
② 도발한 피해자 : '피해자 - 가해자 - 피해자' 모델(피해자의 중대한 도발로 인해 가해자의 범죄행
  위가 발생하여 피해자가 된 경우)

154 「범죄피해자 보호법」상 구조대상 범죄피해(제3조 제1항 제4호)

대한민국의 영역 안에서 행하여진 또는 영역 밖에 있는 대한민국의 선박, 항공기 안에서 행하여진 사람의 생명, 신체를 해치는 죄에 해당하는 행위로 인해 사망하거나 장해 또는 중상해를 입은 것
① 포함되는 범죄행위 : 형사미성년자, 심신상실자의 행위, 강요된 행위, 긴급피난
② 제외되는 범죄행위 : 정당방위, 정당행위, (   )

정답 | 141 ○ 142 ○ 143 × 144 × 145 × 146 갈등이론 147 × 148 볼드 154 과실행위

---

155 형사절차 참여보장(제8조)

① 범죄피해자의 형사절차상 권리행사 보장 : 사건 관련 수사담당자와의 상담, 재판절차 참여진술
② 범죄피해자 요청 시 형사절차 관련 정보 제공 : 가해자에 대한 수사결과, 공판기일, 재판결과, 형 집행 및 보호관찰 집행 상황)

156 범죄피해자에 대한 정보제공(제8조의2)

국가는 수사 및 재판과정에서 범죄피해자에게,
① 형사절차상 범죄피해자의 권리에 관한 정보 : 해당 재판절차 참여진술권 등
② 범죄피해자의 지원에 관한 정보 : 범죄피해 구조금 지급 및 범죄피해자 보호·지원단체 현황 등
③ 기타 범죄피해자의 권리보호 및 복지증진을 위해 필요하다고 인정되는 정보

157 구조금의 지급요건(제16조)

① 구조피해자가 피해의 전부나 일부를 배상받지 못하는 경우
② 자기나 타인의 형사사건의 수사·재판에서 수사단서를 제공하거나 진술, 증언 또는 자료제출을 하다가 구조피해자가 된 경우

158 구조금의 종류(제17조)

① 유족구조금 : 구조피해자가 사망하였을 때 맨 앞의 순위인 유족에게 '일시금'으로 지급
   ➜ 순위가 같은 유족이 2명 이상이면 똑같이 나누어 지급
② 장해·중상해구조금 : 해당 구조피해자에게 '일시금'으로 지급

159 유족의 범위 및 순위(제18조)

① 1순위 : 배우자(사실혼 포함), 자녀
② 2순위 : 부모(양부모 > 친부모)
③ 3순위 : 손자, 손녀
④ 4순위 : 조부모
⑤ 5순위 : 형제자매
⑥ 6순위 : (구조피해자의 수입으로 생계를 유지하지 않은) 자녀, 부모, 손자녀, 조부모, 형제자매
   ※ 2~5순위 유족들은 구조피해자의 수입으로 생계를 유지하고 있어야 한다.

➲ 유족구조금 지급 제외대상
   • 구조피해자를 고의로 사망하게 한 경우
   • 유족구조금을 받을 수 있는 선순위 또는 같은 순위의 유족을 고의로 사망하게 한 경우

160 구조금의 지급제외 친족(제19조)

① 구조금 전부제외
   • 범행 당시 구조피해자와 가해자 사이에 부부(사실혼 포함), 직계혈족, 4촌 이내의 친족, 동거친족에 해당하는 친족관계가 있는 경우
   • 구조피해자가 다음의 행위를 한 경우
      − 해당 범행을 교사 또는 방조
      − 해당 범행을 유발 : 과도한 폭행, 협박 또는 중대한 모욕 등
      − 해당 범행과 관련하여 현저하게 부정한 행위
      − 해당 범행을 용인
      − 집단적·상습적 불법행위를 행할 우려 있는 조직에 속하는 행위
      − 범행에 대한 보복으로 가해자, 그 친족이나 가해자와 밀접한 관계가 있는 사람의 생명을 해치거나 신체를 중대하게 침해
② 구조금 일부제외
   • 범행 당시 구조피해자와 가해자 사이에 위 친족관계 이외의 친족관계가 있는 경우
   • 구조피해자가 다음의 행위를 한 경우
      − 해당 범행을 유발 : 폭행, 협박 또는 모욕 등
      − 해당 범죄피해의 발생·증대에 가공(加功, 방조)한 부주의·부적절한 행위
③ 예외
   • 지급제외 : 구조금의 전부나 일부의 지급이 가능하더라도, 그 밖의 사정을 고려하여 구조금의 전부나 일부의 지급이 사회통념에 위배된다고 인정될 경우
   • 지급 : 구조금의 전부나 일부의 지급이 불가능하더라도, 그 밖의 사정을 고려하여 구조금의 전부나 일부의 미지급이 사회통념에 위배된다고 인정될 경우

161 급여(제20조) 및 손해배상(제21조)

① 구조피해자나 유족이 해당 구조대상 범죄피해를 원인으로 다른 법령에 따른 급여를 받을 수 있는 경우, 구조금 미지급

② 구조피해자나 유족이 해당 구조대상 범죄피해를 원인으로 손해배상을 받은 경우, 그 범위에서 구조금 미지급

162 구조금의 지급신청(제25조)

① 주소지, 거주지 또는 범죄발생지를 관할하는 지구심의회(각 지방검찰청의 범죄피해구조심의회)에 신청

② 신청가능 범죄피해

- 구조대상 범죄피해의 발생을 안 날로부터 (   ) 이내
- 구조대상 범죄피해가 발생한 날부터 10년 이내

163 재심신청(제27조)

지구심의회에서 구조금 지급신청을 기각(일부기각 포함)·각하하면 신청인은 결정의 정본이 송달된 날부터 '(   )' 이내에 (그 지구심의회를 거쳐) 본부심의회(법무부 범죄피해구조본부심의회)에 재심신청 가능

164 소멸시효(제31조)

'구조금을 받을 권리'는 그 구조결정이 해당 신청인에게 송달된 날부터 2년간 행사하지 않으면 시효로 인해 소멸

165 형사조정 회부(제41조)

① 검사는 범죄피해를 실질적으로 회복하는 데 필요하다고 인정하면 당사자의 신청 또는 직권(검사)으로 수사 중인 형사사건을 형사조정에 회부 가능

② 회부 제외사유

- 피의자가 도주하거나 증거인멸의 염려가 있는 경우
- 공소시효의 완성이 임박한 경우
- 불기소처분의 사유에 해당함이 명백한 경우(기소유예처분의 사유는 제외)

166 형사조정의 절차(제43조)

① 형사조정이 회부되면 지체 없이 형사조정위원회(형사조정 담당을 위해 각급 지방검찰청 및 지청

내 설치)는 형사조정 절차를 진행
② 형사조정의 결과에 이해관계가 있는 사람의 신청 또는 직권(검사)으로 이해관계인의 형사조정 참여 가능

167 범죄피해자의 피해회복을 위한 제도 : '회복적 사법'(Restorative Justice)

특정 범죄에 대해 이해관계를 가진 당사자들(범죄의 피해자와 가해자, 지역사회의 구성원)이 사건 해결과정에 능동적으로 참여하여 피해자의 권리신장과 피해회복에 초점을 두고 노력하는 것

168 전통적 형사사법과 회복적 사법 비교

전통적 형사사법	회복적 사법
• '범죄자 처벌' 중심 • 국가(정부)가 주도하는 방식 • 가해자와 피해자 간 조정 ×	• '피해자의 (피해)회복' 중심 • 피해자의 적극적인 참여 유도 • 가해자와의 갈등해소·원상회복

169 회복적 사법의 유형(3가지)

피해자-가해자 조정프로그램	• 가해자가 본인의 가해행위에 대해 책임을 지게 하는 한편, 피해자의 요구에 대응하기 위해 고안된 프로그램으로, 1974년 캐나다 온타리오주의 피해자-가해자 화해프로그램에서 시작되었고, 가장 오래된 회복적 사법의 유형 • 훈련된 중재자의 도움으로 가해자와 피해자가 직간접적으로 상호 간의 감정과 이해관계를 표현·전달하여 사건을 종결시키는 합의에 도달하는 과정
가족집단 회합모델	• 뉴질랜드 마오리족의 전통에 기원 • 피해자와 가해자, 그들의 가족, 친구뿐만 아니라 때로는 지역사회 구성원까지 참여하여 소집자 또는 촉진자가 진행하는 회합으로써 바람직한 결과를 도출하고, 범죄결과에 대처하며, 재발방지를 위한 적절한 방안을 모색
양형서클모델	• 아메리칸 인디언과 캐나다 원주민들이 사용하던 방법 • 판사, 검사, 변호사, 경찰관, 피해자, 가해자, 그들의 가족, 지역주민 등 모든 참여자가 서클을 만들어 마주보고 앉아 분쟁을 해결하고 사건을 종결시킬 수 있는 합의에 관해 토론

170 클라크(Clarke)가 제시한 상황적 범죄예방기법 중 노력의 증가에 해당하는 것은 목표물 견고화이다.

▶ 코니시와 클라크의 상황적 범죄예방의 5가지 목표와 25가지 기법

	1. 대상물 강화	2. 시설접근 통제	3. 출구검색	4. 잠재적 범죄자 분산	5. 도구/무기 통제
노력의 증가	• 운전대 잠금장치 • 강도장지 차단막	• 전자카드출입 • 소지품 검색	• 출구통과 티켓 • 전자상품 인식표	• 여자화장실 분리 • 술집 분산	• 스마트 건 • 도난휴대폰 작동 불능화

위험의 증가	6. 보호기능 확장 • 일상적 경계대책 (야간외출 시 집단이동 등) • 이웃감시 프로그램	7. 자연적 감시 • 가로등 개선 • 방어적 공간설계	8. 익명성 감소 • 택시운전기사 ID 의무화 • 학교교복 착용	9. 장소감독자 활용 • 편의점 2인 점원 근무 • 신고보상	10. 공식적 감시 강화 • 침입절도 경보기 • 민간경비원
보상의 감소	11. 대상물 감추기 • 식별 안 되는 전화번호부 • 표식 없는 금고운송 트럭	12. 대상물 제거 • 탈부착 가능한 차량라디오 • 여성피난시설	13. 소유자 표시 • 재물표식 • 자동차고유번호·차대번호	14. 장물시장 교란 • 전당포 감시감독 • 노점상 인가제도	15. 이익불허 • 상품 잉크 도난방지택 • 스피드광 과속방지턱
자극의 감소	16. 좌절감과 스트레스 감소 • 효율적인 줄서기·서비스 • 마음을 진정시키는 부드러운 음악과 조명	17. 논쟁 피하기 • 라이벌 축구팬의 관람석 분리 • 택시요금정찰제	18. 감정적 자극 감소 • 폭력적 포르노물 통제 • 인종적 비하언어 금지	19. 친구압력 중화 • 음주운전은 바보짓이다. • 교내 문제아들 분리조치	20. 모방 좌절시키기 • 상세한 범죄수법 노출방지 • TV 폭력물 제어칩 설치
변명의 제거	21. 규칙 명확화 • 괴롭힘 방지 규정 • 주택임대 규정	22. 지침의 게시 • 주차금지 • 사유지	23. 양심에의 호소 • 도로 옆의 속도 알림 표시판 • 세관신고서 작성	24. 준법행동 보조 • 간편한 도서관 체크아웃 • 공중화장실, 쓰레기통	25. 약물과 알코올 통제 • 술집에 음주측정기 비치 • 알코올 없는 행사 진행

171 형벌론 요약

응보형주의	목적형주의	
책임원칙 수용	일반예방	특별예방
	일반인의 규범의식 강화	재사회화, 형벌의 개별화 수용
형벌의 상한 제한	형벌의 하한 결정	

172 형사절차에 따른 형벌의 기능 고려

입법단계	재판단계	형 집행단계
일반예방, 위하적 효과	응보형주의, 책임원칙	특별예방, 재사회화 목적

173 재산형의 종류

구분	금액	납입기한	노역장 유치기간 (미납 시)
벌금	5만 원 이상 (상한 ×, 감경 시 '미만' 가능)	30일 이내 (판결확정일~)	1일 이상~3년 이하
과료	2천 원 이상~5만 원 미만		1일 이상~30일 미만

174 현행법상 벌금형의 특징

① 제3자에 의한 대납 금지
② 국가에 대한 채권과의 상계 ×
③ 개별책임원칙 : 공동연대책임 인정 ×
④ 일신전속적 성격 : 상속 ×

175 일수벌금제도의 도입방안

구분	총액벌금제도	일수(日數)벌금제도
불법·책임	전체 벌금액 산정	'일수'(number of days) 산정
경제적 상태	반영 ×	일수산정 시 반영
위하력	낮음	높음

176 벌금미납자에 대한 사회봉사 집행방안 및 신청요건

① 대상자 : 500만 원 범위 내의 벌금형이 확정된 벌금미납자
  ➲ 신청제외 대상자
    • 징역, 금고와 동시에 벌금을 선고받은 경우
    • 법원으로부터 벌금완납까지 노역장 유치를 명받은 경우
    • 법원으로부터 사회봉사를 허가받지 못하거나 취소된 경우 등
② 신청방법
  • 검사의 납부명령일로부터 30일 이내에 관할 지방검찰청 검사에게 사회봉사 신청
  • 검사는 신청일로부터 7일 이내에 청구 여부 결정
③ 법원의 허가
  • 검사로부터 청구를 받은 날~14일 이내에 허가 여부 결정
  • 법원으로부터 허가를 받지 못한 벌금미납자는 15일 이내에 벌금납부
④ 사회봉사 집행 : 보호관찰관 집행

177 벌금과 과료는 판결확정일로부터 30일 내에 납입하여야 한다. 단, 벌금 또는 과료를 선고할 때에는 동시에 그 금액을 완납할 때까지 노역장에 유치할 것을 명할 수 있다.

해설 | 벌금과 과료는 판결확정일로부터 30일 내에 납입하여야 한다. 단, 벌금을 선고할 때에는 동시에 그 금액을 완납할 때까지 노역장에 유치할 것을 명할 수 있다.

178 법원은 벌금을 납입하지 아니한 자에게 사회봉사명령을 부과할 수 있다.

해설 | 법원은 벌금을 납입하지 아니한 자에게 노역장에 유치하여 작업에 복무하게 한다.

179 현행법상 벌금을 선고해야 할 경우, 이를 대신하여 노역장 유치를 명할 수 있다.

해설 | 벌금을 선고할 때에는 동시에 그 금액을 완납할 때까지 노역장에 유치할 것을 명할 수 있다. 즉, 노역장 유치명령은 법관의 선택사항이 아니다.

180 부정기형제도는 범죄자의 개선보다는 응보에 중점을 둔 제도이다.

해설 | 응보보다는 범죄자의 개선에 중점을 둔 제도이다.

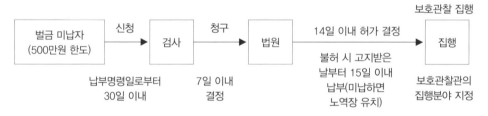

정답 | 162 3년 163 2주 177 ✕ 178 ✕ 179 ✕ 180 ✕

181 선고하는 벌금이 50억원 이상인 경우에는 500일 이상의 유치기간을 정하여야 한다.

해설 | 선고하는 벌금이 50억원 이상인 경우에는 1000일 이상의 유치기간을 정하여야 한다.

형법 제45조(벌금) 벌금은 5만 원 이상으로 한다. 다만, 감경하는 경우에는 5만 원 미만으로 할 수 있다.

제47조(과료) 과료는 2천 원 이상 5만 원 미만으로 한다.

제69조(벌금과 과료) ① 벌금과 과료는 판결확정일로부터 30일 내에 납입하여야 한다. 단, 벌금을 선고할 때에는 동시에 그 금액을 완납할 때까지 노역장에 유치할 것을 명할 수 있다.

② 벌금을 납입하지 아니한 자는 1일 이상 3년 이하, 과료를 납입하지 아니한 자는 1일 이상 30일 미만의 기간 노역장에 유치하여 작업에 복무하게 한다.

제70조(노역장 유치) ① 벌금이나 과료를 선고할 때에는 이를 납입하지 아니하는 경우의 노역장 유치기간을 정하여 동시에 선고하여야 한다.

② 선고하는 벌금이 1억 원 이상 5억 원 미만인 경우에는 300일 이상, 5억 원 이상 50억 원 미만인 경우에는 500일 이상, 50억 원 이상인 경우에는 1천일 이상의 노역장 유치기간을 정하여야 한다.

제71조(유치일수의 공제) 벌금이나 과료의 선고를 받은 사람이 그 금액의 일부를 납입한 경우에는 벌금 또는 과료액과 노역장 유치기간의 일수(日數)에 비례하여 납입금액에 해당하는 일수를 뺀다.

182 벌금형의 시효는 5년이며, 강제처분을 개시함으로 인하여 시효의 중단이 이루어진다.

183 벌금형도 면제 혹은 종료일로부터 2년이 지나면 실효된다.

184 현행법상 벌금형은 총액벌금형제도를 채택하고 있으며, 미성년자에 대하여는 벌금형을 선고할 수 없다.

해설 | 14세 이상인 미성년자에 대하여는 벌금형을 선고할 수 있다. 다만, 소년법상 18세 미만인 소년에게는 노역장 유치선고를 하지 못한다.

185 몰수는 부가형으로 유죄선고의 경우에만 할 수 있다.

해설 | 유죄선고의 경우가 아니더라도, 몰수의 요건이 있는 때에는 몰수만을 선고할 수 있다.

186 몰수는 실정법상 대물적 보안처분에 가깝다.

해설 | 몰수는 실질상 대물적 보안처분에 가깝다.

187 몰수는 필요적 몰수가 원칙이며, 예외적으로 임의적 몰수를 인정한다.

해설 | 몰수는 임의적 몰수가 원칙이며, 예외적으로 필요적 몰수를 인정한다.

188 예외적으로 뇌물 및 마약이나 마약흡입도구는 필요적 몰수를 인정하고 있다.

189 유기징역에 자격정지를 병과한 때에는 징역의 집행을 개시한 날로부터 정지기간을 기산한다.

해설 | 징역의 집행을 종료하거나 면제된 날로부터 정지기간을 기산한다.

190 시효가 완성되면 형의 집행이 종료된 것으로 본다.

해설 | 시효가 완성되면 형의 집행이 면제된 것으로 본다.

191 일반사면을 받은 경우, 특별한 규정이 있는 때를 제외하고 형선고의 효력이 상실되며, 형을 선고받지 아니한 자에 대하여는 공소권이 상실된다.

192 특별사면으로는 형선고의 효력을 상실하게 할 수 없다.

해설 | 특별한 사정이 있으면 형선고의 효력을 상실하게 할 수 있다.

▶ 사면(절차는 감형과 동일)

구분	대상자	절차	효력
일반사면	죄를 범한 모든 범죄인	국회동의 후 대통령령으로 정하는 바에 따라 허가	• 공소권 상실 • 형선고 효력상실
특별사면	형선고를 받은 특정 범죄인	사면심사위원회의 의결 후 대통령 허가	• 형집행면제 • 예외적으로 형선고 효력상실

※ 일반감형은 형의 변경, 특별감형은 형의 감경원칙 예외 형의 변경

193 법무부장관은 직권 또는 사면심사위원회의 심사를 거쳐 대통령에게 특별사면을 상신한다.

해설 | 법무부장관은 직권으로 대통령에게 특별사면을 상신할 수 없다.

194 구류와 과료는 형의 집행을 종료하거나 그 집행이 면제된 날부터 1년이 경과한 때에 그 형이 실효된다.

해설 | 구류와 과료는 형의 집행을 종료하거나 그 집행이 면제된 때에 그 형이 실효된다.

195 선고유예는 형의 선고만을 유예하는 것이지 유죄판결 자체를 유예하는 것은 아니다.

196 형을 병과할 경우에 그 형의 일부에 대하여 집행을 유예할 수는 없다.

해설 | 있다.

197 보호관찰은 부가적 처분으로 부과할 수 있을 뿐이고, 독립적 처분으로 부과할 수 없다.

해설 | 독립적 처분으로 부과할 수 있다.

198 형의 선고를 유예하거나 형의 집행을 유예하는 경우에 사회봉사를 명할 수 있다.

해설 | 형의 선고를 유예하면서 사회봉사를 명할 수는 없다.

▶ 각종 유예제도

구분	선고유예	집행유예	가석방
요건	• 1년 이하 징역, 금고, 자격정지 또는 벌금의 형을 선고할 경우 • 개전의 정이 현저할 것 • 자격정지 이상의 전과가 없을 것	• 3년 이하 징역 또는 금고의 형을 선고할 경우 • 500만 원 이하의 벌금형을 선고할 경우 • 정상을 참작할 만한 사유가 있는 경우 • 금고 이상의 형을 선고한 판결이 확정된 때부터 그 집행을 종료하거나 면제된 후 3년까지의 기간에 범한 죄에 대하여 형을 선고하는 경우는 제외	• 징역이나 금고의 집행 중에 있는 사람이 무기형이면 20년, 유기형이면 형기의 3분의 1이 지난 후 • 행상(行狀)이 양호하여 뉘우침이 뚜렷한 때 • 벌금이나 과료가 병과되어 있는 때에는 그 금액을 완납
기간	2년	1년 이상 5년 이하	무기형은 10년, 유기형은 남은 형기 (10년 초과 ×)
결정	법원의 재량	법원의 재량	행정처분
효과	면소(免訴)된 것으로 간주 (전과 ×)	형선고의 효력상실 (조건부 유죄판결주의)	형집행이 종료된 것으로 간주 (유죄판결 자체에 영향 ×)
보호관찰	[보호관찰] • 임의적 • 1년의 기간	[보호관찰, 사회봉사·수강명령] • 임의적 • 기간 – 보호관찰 → 집행유예기간 (단, 법원의 재량 인정) – 사회봉사·수강명령 → 집행유예기간 내에 집행 (14세 이상)	[보호관찰] • 필요적(단, 가석방을 허가한 행정관청이 필요 없다고 인정한 때에는 제외) • 기간 : 가석방기간 중

199 형의 선고를 유예하는 경우에 재범방지를 위하여 지도 및 원호가 필요한 때에는 보호관찰을 받을 것을 명할 수 있으며, 이 경우 보호관찰의 기간은 1년 이내의 범위에서 법원이 정한다.

해설 | 1년의 범위에서 법원이 정한다.

200 형의 선고유예를 받은 날부터 2년을 경과한 때에는 면소된 것으로 간주한다.

정답 | 181 ✕ 182 ○ 183 ○ 184 ✕ 185 ✕ 186 ✕ 187 ✕ 188 ○ 189 ✕ 190 ✕ 191 ○ 192 ✕ 193 ✕ 194 ✕ 195 ○ 196 ✕ 197 ✕ 198 ✕ 199 ✕ 200 ○

201 선고유예를 받은 자가 보호관찰기간 중에 준수사항을 위반하고 그 정도가 무거운 때에는 유예한 형을 선고할 수 있다.

202 현행형법에는 선고유예의 취소, 선고유예의 실효가 규정되어 있다.

해설 | 선고유예의 취소는 규정되어 있지 않다.

203 집행유예 시 보호관찰과 사회봉사명령 또는 수강명령을 동시에 명할 수 없다.

해설 | 있다.

204 형의 집행유예를 받은 후 실효 또는 취소됨이 없이 유예기간을 경과한 때에는 형의 집행이 면제된다.

해설 | 형의 집행유예를 받은 후 실효 또는 취소됨이 없이 유예기간을 경과한 때에는 형의 선고는 효력을 잃는다.

205 양형위원회의 양형기준은 법적 구속력을 갖는다.

해설 | 법적 구속력을 갖지 않는다.

206 판결 전 조사제도는 형사절차가 유무죄인부절차와 양형절차로 분리되어 있는 미국의 보호관찰제도와 밀접한 관련을 가지고 발전되어 왔다.

207 판결 전 조사제도는 현재 유럽 대륙법계 국가에서 일반적으로 채택되고 있다.

해설 | 채택되고 있지 않다.

208 판결 전 조사제도는 형사정책적으로 양형의 합리화뿐만 아니라 사법적 처우의 개별화에도 그 제도적 의의가 있다.

209 판결 전 조사제도는 보호관찰 부과 여부는 물론 가석방 여부를 심사할 때에도 이용된다.

해설 | 가석방 여부를 심사할 때에는 판결 전 조사를 하지 않는다. 가석방심사는 법무부에 설치된 가석방심사위원회에서 실시하고 있다.

210 「보호관찰 등에 관한 법률」에 의하면 판결 전 조사의 대상자를 소년으로 한정하고 있다.

해설 │ 소년과 성인을 불문한다.

211 판결 전 조사요구는 제1심 또는 항소심뿐만 아니라 상고심에서도 할 수 있다.

해설 │ 판결 전 조사는 형을 선고하기 전에 실시하므로 상고심에서는 실시하지 않는다.

212 현행법상 판결 전 조사의 주체는 조사를 요구하는 법원의 소재지 또는 피고인의 주거지를 관할하는 경찰서장이다.

해설 │ 경찰서장이 아닌 보호관찰소의 장이다.

213 보안처분은 형법상의 효과이므로 그 근본목적은 범죄의 일반예방에 있다.

해설 │ 범죄자에 대한 특별예방에 있다.

214 보안처분은 자의적인 제재실행을 방지하기 위해 책임주의와 비례성의 원칙이 적용된다.

해설 │ 책임주의는 적용되지 않는다.

215 일원주의는 형벌과 보안처분이 모두 사회방위와 범죄인의 교육, 개선을 목적으로 하므로 본질적인 차이가 없다고 본다.

▶ 보안처분이론 요약

구분	이원론(이원주의)	일원론(일원주의)	대체주의
의의	형벌과 보안처분을 구별	형벌과 보안처분을 동일시	• 선고단계 : 이원론 • 집행단계 : 일원론
학자	클라인, 메이어, 비르크메이어, 베링(응보형주의자)	리스트, 페리, 락신(목적형, 교육형, 사회방위론자)	칼 슈토스
논거	• 형벌 : 응보 • 보안처분 : 사회방위, 교정교육	형벌과 보안처분 동일시 (모두 사회방위)	• 현실적응성 有 • 형사정책적 측면 고려
대체성	대체성 부정, 병과는 인정	대체성 인정 (하나만을 선고하여 집행)	요건과 선고는 별개 (집행 시 대체성 인정)
선고기관	행정처분(행정청)	형사처분(법원)	특별법이나 형소법에 특별규정
문제점	• 이중처벌 위험 • 명칭사기, 상표사기	• 책임주의에 반함 • 중복 시 문제가 됨	• 책임주의와 불일치 • 양자 적용범위 불분명 • 정의관념에 반할 우려

216 형벌과 보안처분의 병존을 인정하는 이원주의(응보형주의자)에 대해서는 이중처벌의 위험성이 있다는 비판이 제기된다(명칭사기, 상표사기).

217 대체주의는 형벌을 폐지하고 이를 보안처분으로 대체해야 한다는 입장이다.

해설 | 대체주의는 이원주의적 입장에서 형벌을 책임의 정도에 따라 선고하되, 그 집행단계에서 보안처분으로 대체하거나, 보안처분의 집행종료 후에 형벌을 집행하자는 주의를 말한다.

▶ **현행법상 보안처분 정리**

법률	종류	내용
「치료감호 등에 관한 법률」	치료감호	• 심신장애인·정신성적 장애인·성폭력범죄자 : 15년 • 약물중독자 : 2년 • 특정 살인범죄자 : 매회 2년 범위 3회 연장 ○
	보호관찰	가종료·치료위탁 : 3년, 연장 ×
	치료명령	선고유예·집행유예 : 보호관찰기간 내
「보안관찰법」	보안관찰	2년, 제한 없이 갱신 ○
「보호관찰 등에 관한 법률」	보호관찰	선고유예, 집행유예, 가석방, 임시퇴원, 기타 다른 법령
	사회봉사·수강명령	집행유예, 소년법, 기타 다른 법령
「형법」	보호관찰	선고유예, 집행유예, 가석방
	사회봉사·수강명령	집행유예
「소년법」	보호처분	• 보호자 또는 보호자를 대신하는 자에게 감호위탁: 6월, 6월 이내 1회 연장 ○ • 수강명령: 12세 이상, 100시간 이내 • 사회봉사명령: 14세 이상, 200시간 이내 • 단기 보호관찰: 1년, 연장 × • 장기 보호관찰: 2년, 1년 범위 1회 연장 ○ • 아동복지시설이나 소년보호시설에의 감호위탁: 6월 6월 이내 1회 연장 ○ • 병원, 요양소, 의료재활소년원에의 위탁: 6월, 6월 이내 1회 연장 ○ • 1개월 이내의 소년원 송치 • 단기 소년원 송치: 6월 이내, 연장 × • 장기 소년원 송치: 12세 이상, 2년 이내, 연장 × ※ 위탁 및 감호위탁: 6월, 6월 이내 1회 연장 ○
「국가보안법」	감시·보도	공소보류자에 대한 감시·보도
「성매매 알선 등 행위의 처벌에 관한 법률」	보호처분	• 보호처분 : 6월 • 사회봉사·수강명령 : 100시간 이내
「가정폭력범죄의 처벌 등에 관한 특례법」	보호처분	• 보호처분 : 6월 초과 × • 사회봉사·수강명령 : 200시간 이내
「마약류관리에 관한 법률」	마약중독자의 치료보호	• 검사기간 : 1개월 이내 • 치료보호기간 12월 이내
「아동·청소년의 성보호에 관한 법률」	수강명령 또는 이수명령, 보호처분	수강명령 또는 성폭력 치료프로그램 이수명령 : 500시간 이내
「전자장치 부착 등에 관한 법률」	전자장치 부착, 치료프로그램 이수	• 보호관찰 : 1년 이상 30년 이하 • 치료프로그램 이수명령 : 500시간 이내

「성폭력범죄자의 성충동 약물치료에 관한 법률」	보호관찰, 성충동 약물치료	보호관찰·성충동 약물치료 : 15년 이내(19세 이상)
「성폭력범죄의 처벌 등에 관한 특례법」	보호관찰, 수강(이수)	보호관찰, 수강 또는 이수명령 : 500시간 이내
「스토킹범죄의 처벌 등에 관한 법률」	보호관찰, 수강(이수)	보호관찰, 수강 또는 이수명령 : 200시간 이내

218 치료감호의 요건으로 재범의 위험성과 치료의 필요성이 규정되어 있다.

▶ 치료감호제도 정리

대상자	심신장애자	금고 이상의 형에 해당하는 죄를 범한 때	
	약물중독자		
	정신성적 장애인	금고 이상의 형에 해당하는 성폭력범죄를 지은 자	
청구	• 사유: 치료의 필요성과 재범의 위험성 • 전문가의 감정 여부: 심신장애인·약물중독자는 참고, 정신성적 장애인은 필수청구 • 청구시기: 항소심 변론종결 시(합의부) • 독립청구: 심신상실자, 반의사불벌죄, 친고죄 및 기소유예자 • 법원은 검사에게 치료감호청구를 요구할 수 있을 뿐, 그 청구 없이 치료감호를 선고할 수 없음		

치료감호 영장	• 보호구속사유 → 검사의 청구 → 관할 지방법원 판사의 발부
	  – 일정한 주거가 없을 때
	  – 증거를 인멸할 염려가 있을 때
	  – 도망가거나 도망할 염려가 있을 때
	• 치료감호청구만을 하는 때에는 구속영장을 치료감호영장으로 보며, 그 효력을 잃지 않음		

치료감호 집행	집행기간	• 심신장애인 및 정신성적 장애인: 최대 15년 • 약물중독자: 최대 2년	
	집행순서	치료감호를 먼저 집행한 후 그 기간을 형기에 산입	
	살인범죄자의 치료감호기간 연장	• 법원은 검사의 청구로 3회까지 매회 2년의 범위에서 연장 가능 • 검사의 청구: 치료감호 종료 6개월 전 • 법원의 결정: 치료감호 종료 3개월 전	
종료·가종료 치료위탁심사	가종료 종료심사	• 집행개시 후 매 6개월마다 심사 • 가종료되었거나 치료위탁한 경우, 보호관찰 개시: 3년 • 치료위탁·가종료자의 종료심사: 매 6개월마다 심사	
	치료위탁 가종료		
	치료위탁신청	• 독립청구된 자 : 1년 경과 후 위탁 • 형벌병과 시 : 치료기간이 형기를 경과한 때	
	재집행	• 금고 이상의 형에 해당되는 죄를 지은 때(과실범 제외) • 보호관찰에 관한 지시·감독을 위반한 때 • 증상이 악화되어 치료감호가 필요한 때	
	피치료감호자 등의 종료심사신청	• 치료감호의 집행이 시작된 날부터 6개월이 지난 후 신청 가능 • 신청이 기각된 경우, 6개월이 지난 후 다시 신청 가능	
청구시효	판결확정 없이 치료청구 시부터 15년		

보호관찰	• 기간 : 3년 • 대상자 신고의무 : 출소 후 10일 이내 • 종료 : 기간종료, 치료감호 재수용, 금고 이상의 형을 집행받게 된 때에는 종료되지 않고 계속진행
유치	• 요건 : 가종료 및 치료위탁의 취소신청 • 절차 : 보호관찰소장 → 검사(구인된 때부터 48시간 이내에 유치허가청구) → 지방법원 판사의 허가 → 보호관찰소장이 24시간 이내에 검사에게 유치사유신청 → 검사는 48시간 이내에 치료감호심의위원회에 가종료 등 취소신청 • 구인한 날부터 30일＋1회 20일 연장 가능＋유치기간은 치료감호기간에 산입
시효 (집행면제)	• 심신장애인 및 정신성적 장애인에 해당하는 자의 치료감호: 10년 • 약물중독자에 해당하는 자의 치료감호: 7년
실효	재판상 실효	집행종료·면제된 자가 피해자의 피해를 보상하고, 자격정지 이상의 형이나 치료감호를 선고받지 아니하고 7년이 지났을 때에 본인이나 검사의 신청에 의함
	당연 실효	집행종료·면제된 자가 자격정지 이상의 형이나 치료감호를 선고받지 아니하고 10년이 지났을 때
피치료감호자 등 격리사유	• 자신이나 다른 사람을 위험에 이르게 할 가능성이 뚜렷하게 높은 경우 • 중대한 범법행위 또는 규율위반행위를 한 경우 • 수용질서를 문란하게 하는 중대한 행위를 한 경우

▶ 치료명령제도 정리

대상	• 통원치료의 필요성과 재범의 위험성 • 심신미약자, 알코올중독자 및 약물중독자로서 금고 이상의 형에 해당하는 죄를 지은 자
유예 시 치료명령	• 보호관찰 병과 : 선고유예는 1년, 집행유예는 유예기간 • 치료기간은 보호관찰기간을 초과할 수 없음
집행	• 검사의 지휘를 받아 보호관찰관이 집행 • 정신보건전문요원 등 전문가에 의한 인지행동치료 등 심리치료프로그램 실시 등의 방법으로 집행
치료기관 지정	법무부장관
준수사항 위반	선고유예 실효 또는 집행유예 취소
비용부담	원칙 본인부담, 예외 국가부담

219 「치료감호 등에 관한 법률」은 죄의 종류와 상관없이 금고 이상의 형에 해당하는 죄를 지은 심신장애인, 마약 등 중독자, 정신성적(精神性的) 장애자 등 가운데 치료의 필요성과 재범의 위험성이 인정되는 경우를 치료감호의 대상으로 하고 있다.

해설 | 「치료감호법」에서 규정하고 있는 치료감호대상자는 심신장애인 및 약물중독자로서 금고 이상의 형에 해당하는 죄를 지은 자, 정신성적 장애자로서 금고 이상의 형에 해당하는 성폭력범죄를 지은 자이다.

220 제1심 재판관할은 지방법원 및 지방법원 지원의 (   )로 한다.

221 검사는 공소제기된 사건의 제1심 판결선고 전까지 치료감호를 청구하여야 한다.

해설 | 검사는 공소제기된 사건의 항소심 변론종결 시까지 치료감호를 청구할 수 있다.

222 법원은 공소제기된 사건의 심리결과 치료감호에 처함이 상당하다고 판단할 때에는 검사의 청구 없이 치료감호를 선고할 수 있다.

해설 | 법원은 공소제기된 사건의 심리결과 치료감호를 할 필요가 있다고 인정할 때에는 검사에게 치료감호청구를 요구할 수 있다. 즉, 법원은 검사에게 치료감호청구를 요구할 수 있을 뿐, 그 청구 없이 치료감호를 선고할 수 없다.

223 피의자가 심신장애로 의사결정능력이 없기 때문에 벌할 수 없는 경우, 검사는 공소제기 없이 치료감호만을 청구할 수 있다.

224 구속된 피의자에 대하여 검사가 공소를 제기하지 않는 결정을 하고 치료감호 청구만을 하는 때에는 치료감호영장을 따로 청구하여야 한다.

해설 | 구속영장에 의하여 구속된 피의자에 대하여 검사가 공소를 제기하지 아니하는 결정을 하고 치료감호청구만을 하는 때에는 구속영장은 치료감호영장으로 보며 그 효력을 잃지 아니한다.

225 「형법」상 살인죄(제250조 제1항)의 죄를 범한 자의 치료감호기간을 연장하는 신청에 대한 검사의 청구는 치료감호기간 또는 치료감호가 연장된 기간이 종료하기 (   ) 전까지 하여야 한다.

226 치료감호와 형이 병과된 경우에는 치료감호를 먼저 집행하고, 치료감호심의위원회가 치료감호 집행기간의 형 집행기간 산입 여부를 결정한다.

해설 | 치료감호와 형(刑)이 병과(併科)된 경우에는 치료감호를 먼저 집행한다. 이 경우 치료감호의 집행기간은 형집행기간에 포함한다. 즉, 법률에 의하여 당연히 형집행기간에 포함될 뿐이지 치료감호심의위원회의 결정을 요하는 사항이 아니다.

227 「치료감호 등에 관한 법률」에 따른 치료감호의 내용과 실태는 대통령령으로 정하는 바에 따라 공개하여야 한다. 이 경우 피치료감호자나 그의 보호자가 동의한 경우라도 피치료감호자의 개인신상에 관한 것은 공개할 수 없다.

해설 | 피치료감호자나 그의 보호자가 동의한 경우 외에는 피치료감호자의 개인신상에 관한 것은 공개하지 아니한다.

228 치료감호심의위원회는 치료감호만을 선고받은 피치료감호자에 대한 집행이 시작된 후 (   )이 지났을 때에는 상당한 기간을 정하여 그의 법정대리인, 배우자, 직계친족, 형제자매에게 치료감호시설 외에서의 치료를 위탁할 수 있다.

229 피치료감호자가 치료감호시설 외에서 치료받도록 법정대리인 등에게 위탁되었을 때에는 「보호관찰 등에 관한 법률」에 따른 보호관찰이 시작되고, 이때 보호관찰의 기간은 (   )으로 한다.

230 치료감호가 가종료된 피치료감호자에 대하여는 필요하다고 인정되는 경우에 한하여 보호관찰을 명할 수 있다.

해설 | 피치료감호자에 대한 치료감호가 가종료되었을 때 보호관찰이 시작된다.

231 치료감호심의위원회의 치료감호 종료결정이 있으면 보호관찰기간이 남아 있어도 보호관찰이 종료된다.

232 치료감호심의위원회는 9명(공무원 또는 변호사 자격이 있는 6명과 의사 3명 이내) 이하의 위원으로 구성되며, 위원에 위원장(법무부차관)은 포함되지 않는다. 또한 임기는 (   )이다.

233 법원은 치료명령대상자에 대하여 형의 선고를 유예하는 경우, 치료기간을 정하여 치료를 받을 것을 명할 수 있으며, 이때 보호관찰을 병과할 수 있다.

해설 | 법원은 치료명령대상자에 대하여 형의 선고 또는 집행을 유예하는 경우에는 치료기간을 정하여 치료를 받을 것을 명할 수 있으며, 치료를 명하는 경우 보호관찰을 병과하여야 한다.

234 형사처분 또는 보호처분을 받은 자, 형집행정지 중인 자 등이 갱생보호의 대상자이다.

해설 | 형집행정지 중인 자는 갱생보호의 대상자가 아니다.

▶ **보호관찰 대상자의 일반준수사항(특별준수사항 : 법률·대통령령)**
① 주거지에 상주하고 생업에 종사할 것
② 범죄로 이어지기 쉬운 나쁜 습관을 버리고 선행을 하며 범죄를 저지를 염려가 있는 사람들과 교제하거나 어울리지 말 것
③ 보호관찰관의 지도·감독에 따르고 방문하면 응대할 것
④ 주거를 이전하거나 1개월 이상 국내외여행을 할 때에는 미리 보호관찰관에게 신고할 것

235 검사는 선도조건부 기소유예처분으로 소년형사사건을 종결하면서 보호관찰을 받을 것을 명할 수 있다.

해설 | 보호관찰에 관한 사항을 심사·결정하기 위하여 법무부장관 소속으로 보호관찰심사위원회를 둔다. 따라서 검사는 보호관찰을 받을 것을 명할 수 없다.

236 갱생보호의 실시에 관한 사무는 (   )가 관장하고, 사업은 한국법무보호복지공단이 관장한다.

237 현행법상 판결 전 조사의 주체는 조사를 요구하는 법원의 소재지 또는 피고인의 주거지를 관할하는 보호관찰소의 장이다.

238 보호관찰소의 장은 법원의 판결 전 조사요구를 받더라도 피고인이나 그 밖의 관계인을 소환하여 심문할 수 없다.

해설 | 심문할 수 있다.

239 보호관찰을 조건으로 형의 선고유예를 받은 자의 보호관찰기간은 그 유예기간이다.

해설 | 보호관찰을 조건으로 형의 선고유예를 받은 자의 보호관찰기간은 1년이다.

240 임시퇴원자의 보호관찰기간은 퇴원일부터 2년 이상 5년 이하의 범위에서 보호관찰심사위원회가 정한 기간이다.

해설 | 임시퇴원자의 보호관찰기간은 퇴원일부터 6개월 이상 2년 이하의 범위에서 보호관찰심사위원회가 정한 기간이다.

241 보호관찰 대상자가 일정한 준수사항을 위반하거나 일정한 주거가 없는 때에는 사법경찰관이 관할 지방법원 판사의 구인장을 발부받아 구인할 수 있다.

해설 | 보호관찰소의 장이 관할 지방법원 판사의 구인장을 발부받아 구인할 수 있다.

▶ **보호관찰 대상자에 대한 통제**

① 경고 : 보호관찰 대상자가 준수사항을 위반하거나 위반할 위험성이 있다고 인정할 상당한 이유가 있는 경우

② 구인 : 보호관찰 대상자가 준수사항을 위반하였거나 위반하였다고 의심할 상당한 이유가 있고, ㉠ 일정한 주거가 없는 경우 ㉡ 소환에 따르지 아니한 경우 ㉢ 도주한 경우 또는 도주할 염려가 있는 경우
  • 구인기간 : 유치한 경우를 제외하고 48시간 이내에 석방
  • 긴급구인 : 구인 후 즉시 검사의 승인을 받아야 함

③ 유치 : 검사는 구인된 때부터 48시간 이내에 관할 지방법원 판사에게 유치허가 청구 ⇨ 유치허가를 받은 때부터 24시간 내에 다음을 신청
  ㉠ 보호관찰을 조건으로 한 형(벌금형 제외)의 선고유예의 실효 및 집행유예의 취소청구 신청 : 검사 경유 관할 지방법원(20일 원칙, 심급마다 20일, 1차에 한해 연장 ○ – 법원의 직권연장)
  ㉡ 가석방 및 임시퇴원의 취소 신청 : 보호관찰심사위원회(20일 원칙, 1차에 한해 10일 연장 ○ – 지방법원 판사의 허가)
  ㉢ 보호처분의 변경 신청 : 소년부(20일 원칙, 심급마다 20일, 1차에 한해 연장 ○ – 법원의 직권연장)

242 보호관찰소의 장은 보호관찰 대상자를 긴급구인한 경우에는 긴급구인서를 작성하여 48시간 내에 관할 지방검찰청 검사의 승인을 받아야 한다.

해설 | 보호관찰소의 장은 보호관찰 대상자를 긴급구인한 경우에는 긴급구인서를 작성하여 즉시 관할 지방검찰청 검사의 승인을 받아야 한다.

243 보호관찰소의 장은 가석방 및 임시퇴원의 취소 신청이 필요하다고 인정되면 보호관찰 대상자를 수용기관 또는 소년분류심사원에 유치할 수 있다.

244 유치의 기간은 구인한 날부터 20일로 한다. 다만, 보호처분의 변경 신청을 위한 유치에 있어서는 심사위원회의 심사에 필요하면 10일의 범위에서 한 차례만 유치기간을 연장할 수 있다.

해설 | 20일의 범위에서 한 차례만 유치기간을 연장할 수 있다.

245 보호관찰을 조건으로 한 형의 집행유예가 취소된 경우, 집행유예 취소를 위한 유치기간은 형기에 산입하지 않는다.

해설 | 형기에 산입한다.

▶ 스미크라(Smykla)의 보호관찰 모형

전통적 모형 (traditional model)	내부자원을 활용하여 보호관찰 대상자에 대한 지도·감독에서 보도원호에 이르기까지 다양한 기능을 수행하나, 통제를 강조
프로그램모형 (program model)	내부의 보호관찰관이 전문가로서 기능하므로, 보호관찰 대상자를 분류하여 보호관찰관의 전문성에 따라 배정
옹호모형 (advocacy model)	외부자원을 활용하여 보호관찰 대상자에게 다양하고 전문적인 사회적 서비스를 제공하며, 무작위로 배정된 대상자들을 사회기관에 위탁하는 업무가 주요 일과
중개모형 (brokerage model)	사회자원 개발과 중개 등의 방법으로 외부자원을 적극적으로 활용하여 보호관찰 대상자에게 전문적인 보호관찰을 제공

246 보호관찰의 임시해제기간에는 보호관찰이 중단되지만, 보호관찰 대상자의 준수사항에 대한 준수의무는 계속된다.

247 심사위원회는 임시해제결정을 받은 사람에 대하여 다시 보호관찰을 하는 것이 적절하다고 인정되면 보호관찰소의 장의 신청에 의해서만 임시해제결정을 취소할 수 있다.

해설 | 심사위원회는 임시해제결정을 받은 사람에 대하여 다시 보호관찰을 하는 것이 적절하다고 인정되면 보호관찰소의 장의 신청을 받거나 직권으로 임시해제결정을 취소할 수 있다.

248 법원은 형법상 사회봉사를 명할 경우에 대상자가 사회봉사를 할 분야와 장소 등을 지정하여야 한다.

해설 | 지정할 수 있다.

249 사회봉사명령과 수강명령의 집행은 법원이 행한다.

해설 | 보호관찰관이 행한다.

250 보호관찰소는 사회봉사 또는 수강명령의 집행을 다른 기관에 위탁할 수 있다.

251 사회봉사명령이나 수강명령 대상자는 법무부령으로 정하는 바에 따라 주거, 직업, 그 밖에 필요한 사항을 보호관찰소의 장에게 신고하여야 한다.

해설 │ 법무부령이 아닌 대통령령이다.

▶ 올린(Ohlin)의 보호관찰관 유형

처벌적 보호관찰관	• 위협과 처벌을 수단으로 범죄자를 사회에 동조하도록 강요 • 사회의 보호, 범죄자의 통제 및 범죄자에 대한 체계적 의심 등을 강조
보호적 보호관찰관	• 사회의 보호와 범죄자의 보호 양자 사이에서 망설임 • 주로 직접적인 지원이나 강연, 칭찬과 꾸중 등의 방법을 활용 • 사회와 범죄자를 번갈아 편들기 때문에 애매한 입장에 처하기 쉬움
복지적 보호관찰관	• 자신의 목표를 범죄자의 복지향상으로 설정하고, 범죄자의 능력과 한계를 고려하여 적응할 수 있도록 원조 • 범죄자의 개인적 적응 없이는 사회의 보호도 있을 수 없다고 믿음
수동적 보호관찰관	자신의 임무를 단지 최소한의 노력만을 요하는 것으로 인식

252 사회봉사명령 대상자가 1개월 이상 국외여행을 한 때에는 귀국한 후 30일 이내에 보호관찰관에게 그 사실을 신고하여야 한다.

해설 │ 사회봉사명령 대상자가 1개월 이상 국내외여행을 할 때에는 미리 보호관찰관에게 그 사실을 신고하여야 한다.

253 사회봉사·수강명령 대상자에 대한 형의 집행유예기간이 지난 때에 사회봉사·수강은 종료한다.

254 숙식제공기간을 연장하고자 할 때에는 해당 갱생보호시설의 장의 신청이 있어야 한다.

해설 │ 사업자 또는 공단은 갱생보호 대상자에 대한 숙식제공의 기간을 연장하고자 할 때에는 본인의 신청에 의하되, 자립의 정도, 계속보호의 필요성 기타 사항을 고려하여 이를 결정하여야 한다.

255 갱생보호사업을 하려는 자는 대통령령으로 정하는 바에 따라 법무부장관의 허가를 받아야 한다.

해설 │ 대통령령이 아닌 법무부령이다.

256 한국법무보호복지공단 이외의 자로서 갱생보호사업을 하고자 하는 자는 법무부장관의 허가를 받아야 한다.

▶ 전자감시제도 정리

분류	판결선고에 의한 부착명령 집행	가석방 및 가종료자 등의 부착집행	집행유예 시 부착명령 집행
대상자	• 성폭력범죄자(임의적) • 미성년자 대상 유괴범죄자, 살인범죄자(초범은 임의적, 재범 이상은 필요적) • 강도범죄자(임의적) • 스토킹범죄자(임의적)	• 보호관찰조건부 가석방(필요적) • 특정범죄 이외의 범죄로 형의 집행 중 가석방된 자의 가석방기간의 전부 또는 일부 기간(임의적) • 보호관찰조건부 가종료·치료위탁·가출소(임의적)	특정 범죄자로 집행유예 시 보호관찰 대상자(보호관찰 없는 부착명령 위법)
처분기관	법원의 부착명령판결	관련 위원회 등의 결정	법원의 부착명령판결
기간	1. 법정형의 상한이 사형 또는 무기징역인 특정범죄: 10년 이상 30년 이하 2. 법정형 중 징역형의 하한이 3년 이상의 유기징역인 특정범죄(1.에 해당하는 특정범죄는 제외): 3년 이상 20년 이하 3. 법정형 중 징역형의 하한이 3년 미만의 유기징역인 특정범죄(1. 또는 2.에 해당하는 특정범죄는 제외): 1년 이상 10년 이하	보호관찰기간의 범위에서 기간을 정하여	집행유예 시의 보호관찰기간의 범위에서 기간을 정하여
집행권자	검사의 지휘를 받아 보호관찰관이 집행	보호관찰관	검사의 지휘를 받아 보호관찰관이 집행
집행개시시점	• 형집행종료, 면제, 가석방되는 날 • 치료감호의 집행종료, 가종료되는 날	• 가석방되는 날 • 치료감호의 치료위탁, 가종료, 가출소되는 날	법원판결이 확정된 때부터
종료사유	• 부착명령기간이 경과한 때 • 부착명령과 함께 선고한 형이 사면되어 그 선고의 효력을 상실하게 된 때	• 가석방기간이 경과하거나 가석방이 실효 또는 취소된 때 • 가종료자 등의 부착기간이 경과하거나 보호관찰이 종료된 때 • 가석방된 형이 사면되어 형의 선고의 효력을 상실하게 된 때	• 부착명령기간이 경과한 때 • 집행유예가 실효 또는 취소된 때 • 집행유예된 형이 사면되어 형의 선고의 효력을 상실하게 된 때
형집행후 보호관찰	• 특정범죄에 대한 재범의 위험성이 있는 자에 대한 검사의 청구: 항소심 변론종결 시까지 • 금고 이상의 선고형에 해당하고, 보호관찰명령의 청구가 이유 있다고 인정하는 때: 2년 이상 5년 이하의 범위 내(검사의 청구 또는 법원의 직권으로 가능) • 치료프로그램의 이수에 대한 준수사항: 300시간의 범위 내 • 준수사항 위반 시 1년의 범위 내에서 보호관찰명령 연장 가능: 10일 이내에 보호관찰소 출석, 7일 이상 여행허가 등 • 형집행종료·면제·가석방되는 날, 치료감호 집행종료·가종료되는 날부터 집행		
기타	• 검사의 청구: 항소심 변론종결 시까지 하여야 한다. • 특정범죄사건에 대하여 판결의 확정 없이 공소가 제기된 때부터 15년이 경과한 경우에는 부착명령을 청구할 수 없다. • 주거이전 등 허가: 피부착자는 주거를 이전하거나 7일 이상의 국내여행을 하거나 출국할 때에는 미리 보호관찰관의 허가를 받아야 한다(10일 이내에 보호관찰소 출석).		

- 임시해제신청: 집행이 개시된 날부터 3개월이 경과한 후에 신청이 기각된 경우에는 기각된 날부터 3개월이 경과한 후에 다시 신청할 수 있다(임시해제기간은 부착명령기간에 산입 ×)
- 준수사항 위반 등의 위반 시 1년의 범위 내에서 연장 가능하다.
- 19세 미만의 사람에 대한 선고는 가능하나, 부착은 19세부터 가능하다.
- 19세 미만의 사람에 대하여 특정범죄를 저지른 경우에는 부착기간 하한의 2배를 가중할 수 있다.
- 보석과 전자장치 부착
  - 법원은 보석조건으로 피고인에게 전자장치 부착명령 가능
  - 보호관찰소의 장은 피고인의 보석조건 이행상황을 법원에 정기적으로 통지
  - 보호관찰소의 장은 피고인이 전자장치 부착명령을 위반한 경우 및 보석조건을 위반한 경우에는 지체 없이 법원과 검사에게 통지
  - 구속영장의 효력이 소멸한 경우, 보석이 취소된 경우, 보석조건이 변경되어 전자장치를 부착할 필요가 없게 된 경우에는 전자장치 부착종료
- 대상자 준수사항
  - 야간, 아동·청소년의 통학시간 등 특정 시간대에 외출제한(19세 미만에 대한 성폭력범죄자 필요적)
  - 어린이 보호구역 등 특정 지역·장소에의 출입금지 및 접근금지
  - 주거지역의 제한
  - 피해자 등 특정인에의 접근금지(19세 미만에 대한 성폭력범죄자 필요적)
  - 특정 범죄 치료프로그램의 이수(500시간의 범위 내)
  - 마약 등 중독성 있는 물질의 사용금지
  - 그 밖에 부착명령을 선고받은 사람의 재범방지와 성행교정을 위하여 필요한 사항
- 부착기간의 가중
  - 다수의 특정범죄에 대해 동시에 무착명령을 선고할 경우에는 법정형이 가장 중한 죄의 부착기간 상한의 2분의 1을 가중하되, 각 죄의 부착기간의 상한을 합산한 기간 초과 불가
  - 하나의 행위가 다수의 특정범죄에 해당하는 경우에는 법정형이 가장 중한 죄의 부착기간
- 수신자료 폐기: 실효, 사면(실효) 및 종료 후 5년이 경과한 때
- 범죄경력자료 등 조회요청: 법무부장관은 집행이 종료된 때부터 5년 동안 관계기관에 그 사람에 관한 범죄경력자료와 수사경력자료에 대한 조회를 요청할 수 있다.

기타

257 만 19세 미만의 자에 대하여 전자장치의 부착명령을 선고할 수 없다.

해설 │ 만 19세 미만의 자에 대하여 부착명령을 선고한 때에는 19세에 이르기까지 이 법에 따른 전자장치를 부착할 수 없다. 즉, 부착할 수 없을 뿐 선고는 가능하다.

258 검사는 법원에 성폭력범죄, 미성년자 대상 유괴범죄, 살인범죄, 강도범죄 또는 스토킹범죄(이하 '특정범죄'라고 한다)를 범하고 다시 범할 위험성이 있다고 인정되는 사람에 대하여 위치추적 전자장치를 부착하는 명령(이하 '부착명령'이라고 한다)을 청구할 수 있다.

259 특정범죄에는 「형법」상 살인죄의 기수범은 포함되나 살인죄의 미수범과 예비, 음모죄는 포함되지 않는다.

해설 │ 포함된다.

260 성폭력범죄를 2회 이상 범하여 그 습벽이 인정되고, 재범의 위험성이 있다고 판단되는 경우, 검사는 부착명령을 법원에 청구할 수 있다.

정답 | 241 ✕ 242 ✕ 243 ○ 244 ✕ 245 ✕ 246 ○ 247 ✕ 248 ✕ 249 ✕ 250 ○ 251 ✕ 252 ✕ 253 ○ 254 ✕ 255 ✕ 256 ○ 257 ✕ 258 ○ 259 ✕ 260 ○

261 검사는 성폭력범죄로 징역형의 실형을 선고받은 사람이 그 집행을 종료한 후 또는 집행이 면제된 후 10년 이내에 성폭력범죄를 저지르고, 성폭력범죄를 다시 범할 위험성이 있다고 인정되는 때에는 전자장치를 부착하도록 하는 명령을 법원에 청구할 수 있다.

262 법원은 공소가 제기된 특정범죄사건을 심리한 결과 부착명령을 선고할 필요가 있다고 인정하는 때에는 직권으로 부착명령을 할 수 있다.

해설 | 법원은 공소가 제기된 특정범죄사건을 심리한 결과 부착명령을 선고할 필요가 있다고 인정하는 때에는 검사에게 부착명령의 청구를 요구할 수 있다

263 검사는 부착명령을 청구하기 위하여 필요하다고 인정하는 때에는 소속 검찰청 소재지를 관할하는 보호관찰소의 장에게 피의자와의 관계, 심리상태 등 피해자에 관하여 필요한 사항의 조사를 요청할 수 있다.

해설 | 검사는 부착명령을 청구하기 위하여 필요하다고 인정하는 때에는 피의자의 주거지 또는 소속 검찰청(지청을 포함) 소재지를 관할하는 보호관찰소(지소를 포함)의 장에게 범죄의 동기, 피해자와의 관계, 심리상태, 재범의 위험성 등 피의자에 관하여 필요한 사항의 조사를 요청할 수 있다.

264 법원은 부착명령 청구가 있는 때에는 부착명령 청구서의 부본을 피부착명령 청구자 또는 그의 변호인에게 송부하여야 하며, 공판기일 5일 전까지 송부하여야 한다.

265 전자장치 부착기간으로 최장 (   )까지 명할 수 있다.

▶ 스토킹범죄의 처벌 등에 관한 법률 정리

| 사법경찰관리 현장응급조치 | • 스토킹행위의 제지, 향후 스토킹행위의 중단통보 및 스토킹행위를 지속적·반복적으로 할 경우, 처벌 서면경고
• 스토킹행위자와 피해자등의 분리 및 범죄수사
• 피해자등에 대한 긴급응급조치 | 단, 긴급응급조치의 기간은 1개월 초과 ✕ | 응급조치 변경 | • 긴급응급조치 대상자나 대리인은 취소 또는 종류변경을 사경에 신청 가능
• 상대방이나 대리인은 상대방 등의 주거 등을 옮긴 경우, 사경에 긴급응급조치 변경신청 가능
• 상대방이나 대리인은 긴급응급 |

사법경찰관리 현장응급조치	및 잠정조치 요청의 절차 등 안내 • 스토킹피해 관련 상담소 또는 보호시설로 피해자 등 인도(동의한 경우에만)	단, 긴급응급조치의 기간은 1개월 초과 ×	응급조치 변경	조치가 필요하지 않은 경우, 취소 신청 가능 • 사경은 직권 또는 신청에 의해 긴급조치 가능, 지방법원 판사의 승인을 받아 종류변경도 가능
사법경찰관 긴급응급조치 (직권 또는 피해자등 요청)	• 스토킹행위의 상대방등이나 그 주거등으로부터 100m 이내의 접근금지 • 스토킹행위의 상대방에 대한 전기통신을 이용한 접근금지			※ 통지와 고지 • 상대방 등이나 대리인은 취소 또는 변경취지 통지 • 긴급조치대상자는 취소 또는 변경조치내용 및 불복방법 등 고지
검사의 잠정조치 (청구)	검사는 스토킹범죄가 재발될 우려가 있다고 인정하면, 직권 또는 사경의 신청에 따라 잠정조치 청구 가능	–	잠정조치 변경 신청	• 피해자 또는 그의 동거인, 가족, 법정대리인은 2호(100m 이내의 접근금지)의 결정 있은 후 주거등을 옮긴 경우, 법원에 잠정조치결정 변경신청 가능 • 스토킹행위자나 그의 법정대리인은 법원에 잠정조치 취소 또는 종류변경 신청 가능 • 검사는 직권이나 사경의 신청에 따라 기간의 연장 또는 종류변경 청구 가능, 필요하지 않은 경우에는 취소청구도 가능 • 법원은 결정할 수 있고, 고지하여야 함
법원의 잠정조치	1. 피해자에 대한 스토킹범죄 중단에 대한 서면경고 2. 피해자 또는 그의 동거인, 가족이나 그 주거등으로부터 100m 이내의 접근금지 3. 피해자 또는 그의 동거인, 가족에 대한 전기통신을 이용한 접근금지 4. 전자장치의 부착 5. 국가경찰관서의 유치장 또는 구치소에 유치	1·2·3·4는 3개월 초과 ×(두 차례에 한정하여 각 3개월의 범위에서 연장 가능) 5는 1개월 초과 ×		

266 법원은 스토킹범죄를 저지른 사람에 대하여 유죄판결(선고유예는 제외한다)을 선고하거나 약식명령을 고지하는 경우에는 (   )의 범위에서 다음의 구분에 따라 재범 예방에 필요한 수강명령(「보호관찰 등에 관한 법률」에 따른 수강명령을 말한다) 또는 스토킹 치료프로그램의 이수명령(이하 "이수명령"이라 한다)을 병과할 수 있다.
ㄱ. 수강명령 : 형의 집행을 유예할 경우에 그 집행유예기간 내에서 병과
ㄴ. 이수명령 : 벌금형 또는 징역형의 실형을 선고하거나 약식명령을 고지할 경우에 병과

267 법원은 스토킹범죄를 저지른 사람에 대하여 형의 집행을 유예하는 경우에는 수강명령 외에 그 집행유예기간 내에서 보호관찰 또는 (   ) 중 하나 이상의 처분을 병과할 수 있다.

268 수강명령 또는 이수명령은, 형의 집행을 유예할 경우에는 그 집행유예기간 내에 집행하고, 벌금형을 선고하거나 약식명령을 고지할 경우에는 형 확정일부터 (   )에 집행하며, 징역형의 실형을 선고할 경우에는 형기 내에 집행하여야 한다.

269 전자장치 피부착자는 주거를 이전하거나 (　　　) 이상의 국내여행 또는 출국할 때에는 미리 보호관찰관의 허가를 받아야 한다.

▶ 성폭력범죄자의 성충동 약물치료에 관한 법률

구분	판결에 의한 치료명령	수형자에 대한 법원의 결정	가종료자 등의 치료감호심의위원회의 결정
대상	사람을 성폭행한 성도착증 환자로서 19세 이상인 자	사람을 성폭행한 징역형 이상의 성도착증 환자로서 치료에 동의한 자	성도착증 환자(결정일 전 6개월 이내에 실시한 정신건강의학과전문의의 진단 또는 감정결과 반드시 참작)
기간	15년의 범위 내에서 법원 선고	15년의 범위 내에서 법원결정 고지	보호관찰기간의 범위 내에서 치료감호심사위원회 결정
관할	지방법원 합의부 (지원 합의부 포함)	지방법원 합의부 (지원 합의부 포함)	치료감호심사위원회
집행	검사 지휘 보호관찰관 집행	검사 지휘 보호관찰관 집행	보호관찰관 집행
비용	국가부담	원칙 본인부담, 예외 가능 (본인의 동의에 의함)	국가부담
통보	• 석방되기 3개월 전까지 보호관찰소장 통보 • 석방되기 5일 전까지 보호관찰소장 통보	석방되기 5일 전까지 보호관찰소장 통보	석방되기 5일 전까지 보호관찰소장 통보
집행시기	석방되기 전 2개월 이내		
임시해제	• 치료명령이 개시된 후 6개월 경과, 기각되면 6개월 경과 후 신청・준수사항도 동시에 임시해제 • 임시해제기간은 치료명령기간에 산입 ×		
치료명령 시효	• 판결확정 후 집행 없이 형의 시효기간 경과 • 판결확정 후 집행 없이 치료감호의 시효완성	치료명령결정이 확정된 후 집행을 받지 아니하고 10년 경과하면 시효완성	–
종료	• 기간경과 • 사면(형의 선고 효력상실) • 임시해제기간 경과	• 기간경과 • 사면(형의 선고 효력상실) • 임시해제기간 경과	• 기간경과 • 보호관찰기간 경과 및 종료 • 임시해제기간 경과
기타	• 청구시기: 항소심 별론종결 시까지 • 주거이전 또는 7일 이상의 국내여행을 하거나 출국할 때에는 보호관찰관의 허가 필요 • 치료명령의 집행면제신청 　– 징역형과 함께 치료명령을 받은 사람 등: 주거지 또는 현재지 관할 지방법원(지원 포함)에 면제신청(치료감호 집행 중인 경우, 치료명령 집행면제 신청 불가) 　– 면제신청기간: 징역형이 집행종료되기 전 12개월부터 9개월까지 　– 법원의 결정: 징역형이 집행종료되기 3개월 전까지(집행면제 여부 결정에 대한 항고 가능) 　– 치료감호심사위원회의 치료명령 집행면제: 징역형과 함께 치료명령을 받은 사람의 경우, 형기가 남아 있지 아니하거나 9개월 미만의 기간이 남아 있는 사람에 한정하여 집행면제 결정		

270 소년사건 절차도

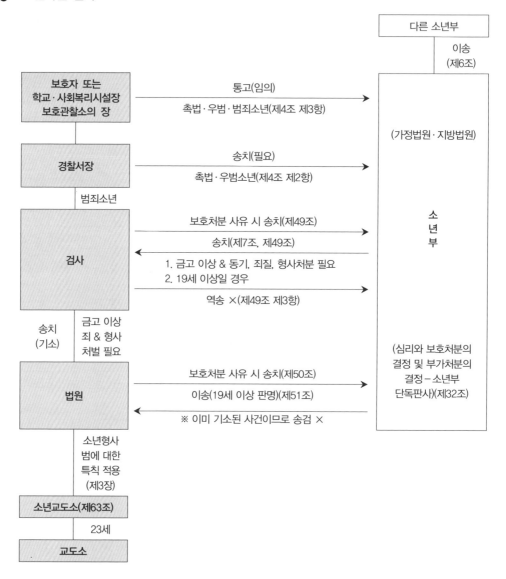

271 약물치료명령을 받은 사람은 주거이전 또는 5일 이상의 국내여행을 하거나 출국할 때에는 미리 보호관찰관의 허가를 받아야 한다.

해설 │ 주거이전 또는 7일 이상의 국내여행을 하거나 출국할 때에는 미리 보호관찰관의 허가를 받아야 한다.

272 치료명령의 임시해제 신청은 치료명령의 집행이 개시된 날부터 1년이 지난 후에 하여야 한다.

해설 | 6개월이 지난 후에 하여야 한다.

273 국가는 치료명령의 결정을 받은 모든 사람의 치료기간 동안 치료비용을 부담하여야 한다.

해설 | 치료명령의 결정을 받은 사람은 치료기간 동안 치료비용을 부담하여야 한다. 다만, 치료비용을 부담할 경제력이 없는 사람의 경우에는 국가가 비용을 부담할 수 있다.

274 보호처분 요약

종류	내용	기간	전부 또는 일부 병합
1호 처분	보호자 등에게 감호위탁	6월(6월의 범위, 1차 연장 ○)	수강명령, 사회봉사명령, 단기 보호관찰, 장기 보호관찰
2호 처분	수강명령 (12세 이상)	100시간 이내	보호자 등에게 감호위탁, 사회봉사명령, 단기 보호관찰, 장기 보호관찰
3호 처분	사회봉사명령 (14세 이상)	200시간 이내	보호자 등에게 감호위탁, 수강명령, 단기 보호관찰, 장기 보호관찰
4호 처분	단기 보호관찰	1년(연장 ×)	보호자 등에게 감호위탁, 수강명령, 사회봉사명령, 소년보호시설 등에 감호위탁
5호 처분	장기 보호관찰	2년(1년의 범위, 1차 연장 ○)	보호자 등에게 감호위탁, 수강명령, 사회봉사명령, 소년보호시설 등에 감호위탁, 1개월 이내 소년원 송치
6호 처분	소년보호시설 등에 감호위탁	6월(6월의 범위, 1차 연장 ○)	단기 보호관찰, 장기 보호관찰
7호 처분	병원, 요양소, 의료재활소년원에 위탁	6월(6월의 범위, 1차 연장 ○)	−
8호 처분	1개월 이내 소년원 송치	1월 이내	장기 보호관찰
9호 처분	단기 소년원 송치	6월 이내 (연장 ×)	−
10호 처분	장기 소년원 송치 (12세 이상)	2년 이내 (연장 ×)	−

275 보호처분

- 병합불가 보호처분 : 7호(의료재활소년원에 위탁), 9호(단기 소년원 송치), 10호(장기 소년원 송치)
- 14세 이상 : 3호(사회봉사명령)
- 12세 이상 : 2호(수강명령) 및 10호(장기 소년원 송치)

276 소년교정모델 중 낙인이론가들이 선호하는 모형은 최소제약모델이다.

▶ 바톨라스(Bartollas)와 밀러(Miller)의 소년교정모델
① 의료모형(Medical Model) : 교정은 질병치료
② 조정모형(Adjustment Model) : 범죄자를 환자가 아닌 스스로 책임 있는 선택과 합리적 결정을 할 수 있는 자로 간주
③ 범죄통제모형(Crime Control Model) : 범죄에 상응한 처벌
④ 최소제한모형(Last-restrictive Model) : 낙인이론에 근거

277 '소년법상 소년'인지의 여부는 (   )를 기준으로 판단한다.

▶ 데이비드 스트리트(David Street) 등의 처우조직(Organization For Treatment)
① 복종 및 동조(obedience/conformity) 유형 : 규율의 엄격한 집행
② 재교육 및 발전(reeducation/development) 유형 : 청소년의 태도와 행동의 변화, 기술의 습득, 개인적 자원의 개발에 중점
③ 처우(treatment) 유형 : 청소년의 인성변화를 강조

278 소년 보호사건은 가정법원 또는 지방법원의 소년부 단독판사가 담당한다.

279 소년법상 경찰서장이 촉법소년과 우범소년을 발견한 때에는 검사를 거쳐 소년부에 송치하여야 한다.

해설 | 직접 관할 소년부에 송치하여야 한다.

280 소년법상 보호자는 형벌법령에 저촉되는 행위를 한 10세 이상 14세 미만인 소년을 발견한 경우, 이를 관할 소년부에 통고할 수 있다.

정답 | 261 ○ 262 × 263 × 264 ○ 265 30년 266 200시간 267 사회봉사 268 6개월 이내 269 7일 271 × 272 × 273 × 276 ○ 277 사실심판결 선고 시 278 ○ 279 × 280 ○

281 소년법상 소년부는 사건이 그 관할에 속하지 아니한다고 인정하면 판결로써 그 사건을 관할 소년부에 이송하여야 한다.

해설 | 결정으로써 그 사건을 관할 소년부에 이송하여야 한다.

282 소년법상 소년부는 조사 또는 심리한 결과 금고 이상의 형에 해당하는 범죄사실이 발견된 경우, 그 동기와 죄질이 형사처분을 할 필요가 있다고 인정하면 결정으로써 사건을 관할 지방법원에 송치하여야 한다.

해설 │ 관할 지방법원에 대응한 검찰청 검사에 송치하여야 한다.

283 소년법상 소년부는 조사 또는 심리한 결과 벌금 이상의 형에 해당하는 범죄 사실이 발견된 경우 그 동기와 죄질이 형사처분을 할 필요가 있다고 인정하면 결정으로써 사건을 관할 지방법원에 대응한 검찰청 검사에게 송치할 수 있다.

해설 │ 소년부는 조사 또는 심리한 결과 금고 이상의 형에 해당하는 범죄사실이 발견된 경우 그 동기와 죄질이 형사처분을 할 필요가 있다고 인정하면 결정으로써 사건을 관할 지방법원에 대응한 검찰청 검사에게 송치하여야 한다.

284 소년법상 소년부 또는 조사관이 범죄사실에 관하여 소년을 조사할 때에는 일반 형사사건과는 달리 불리한 진술을 거부할 수 있음을 미리 소년에 대하여 알릴 필요가 없다.

해설 │ 소년부 또는 조사관이 범죄사실에 관하여 소년을 조사할 때에는 미리 소년에게 불리한 진술을 거부할 수 있음을 알려야 한다.

285 소년법상 소년분류심사관은 사건의 조사에 필요하다고 인정한 때에는 기일을 정하여 보호자 또는 참고인을 소환할 수 있고, 정당한 이유 없이 이에 응하지 않을 경우 동행영장을 발부할 수 있다.

해설 │ 소년부 판사는 사건의 조사 또는 심리에 필요하다고 인정하면 기일을 지정하여 사건 본인이나 보호자 또는 참고인을 소환할 수 있으며, 사건 본인이나 보호자가 정당한 이유 없이 소환에 응하지 아니하면 소년부 판사는 동행영장을 발부할 수 있다.

286 소년법상 소년부 판사는 증거인멸을 방지하기 위하여 긴급조치가 필요하다고 인정하면 사건 본인이나 보호자를 법 제13조 제1항에 따른 소환 없이 동행영장을 발부할 수 있다.

해설 │ 소년부 판사는 사건 본인을 보호하기 위하여 긴급조치가 필요하다고 인정하면 법 제13조 제1항에 따른 소환 없이 동행영장을 발부할 수 있다.

287 소년법상 소년보호사건에 있어서 보호자는 소년부 판사의 허가 없이 변호사를 (   ) 으로 선임할 수 있다.

288 소년법상 소년이 소년분류심사원에 위탁된 경우, 보조인이 없을 때에는 법원은 소년 본인이나 보호자의 신청에 따라 변호사 등 적정한 자를 보조인으로 선임할 수 있다.

> 해설 | 소년이 소년분류심사원에 위탁된 경우, 보조인이 없을 때에는 법원은 (소년 본인이나 보호자의 신청 여부와 상관없이) 변호사 등 적정한 자를 보조인으로 선정하여야 한다.

289 소년법상 사건의 조사·심리를 위한 임시조치로서 소년분류심사원에 위탁하는 경우에 그 기간은 최장 (   )을 넘지 못한다.

290 소년법상 소년부 판사는 피해자 또는 그 법정대리인이 의견진술을 신청할 때에는 피해자나 그 법정대리인의 진술로 심리절차가 현저하게 지연될 우려가 있는 경우에도 심리기일에 의견을 진술할 기회를 주어야 한다.

> 해설 | 소년부 판사는 신청인이 이미 심리절차에서 충분히 진술하여 다시 진술할 필요가 없다고 인정되거나, 신청인의 진술로 심리절차가 현저하게 지연될 우려가 있는 경우에는 심리기일에 의견을 진술할 기회를 주지 아니하여도 된다.

291 소년법상 검사는 소년의 품행을 교정하고 피해자를 보호하기 위하여 필요하다고 인정하면 소년에게 피해변상 등 피해자와의 화해를 권고할 수 있다.

> 해설 | 검사가 아닌 소년부 판사의 권한이다.

292 소년법상 사회봉사명령과 수강명령은 (   ) 이상의 소년에게만 부과할 수 있다.

> 해설 | 수강명령은 12세 이상의 소년에게만 부과할 수 있다.

293 소년법상 보호관찰과 사회봉사명령, 수강명령은 모두 병합하여 부과할 수 있다.

294 소년법상 소년부판사는 보호관찰관의 단기보호관찰 처분 시 14세 이상의 소년에 대하여 사회봉사를 동시에 명할 수 있다.

295 소년법상 수강명령은 12세 이상의 소년에게만, 장기 소년원 송치도 12세 이상의 소년에게만 할 수 있다.

296 소년법상 보호처분은 해당 소년의 장래 신상에 대해 어떤 불이익도 주어서는 안 된다.

297 소년법상 장기 보호관찰처분을 할 때에는 해당 보호관찰기간 동안 야간 등 특정 시간대의 외출을 제한하는 명령을 보호관찰 대상자의 준수사항으로 부과할 수 있다.

해설 | 장기 보호관찰 처분을 할 때에는 1년 이내의 기간을 정하여 야간 등 특정 시간대의 외출을 제한하는 명령을 보호관찰 대상자의 준수사항으로 부과할 수 있다.

298 소년법상 소년부 판사는 가정상황 등을 고려하여 필요한 경우, 보호자의 동의를 받아야만 보호자에게 소년원·소년분류심사원 또는 보호관찰소 등에서 실시하는 소년의 보호를 위한 특별교육을 받을 것을 명할 수 있다.

해설 | 보호자의 동의를 요하지 않는다.

299 소년법상 보호자 또는 보호자를 대신하여 소년을 보호할 수 있는 자에게 감호위탁하는 기간은 (   )로 하되, 소년부 판사는 결정으로써 6개월의 범위에서 한 번에 한하여 그 기간을 연장할 수 있다. 다만, 소년부 판사는 필요한 경우에는 언제든지 결정으로써 그 위탁을 종료시킬 수 있다.

300 소년법상 「아동복지법」에 따른 아동복지시설이나 그 밖의 소년보호시설에 감호위탁기간은 6개월로 하되, 그 기간을 연장할 수 없다.

해설 | 6개월의 범위에서 한 번에 한하여 그 기간을 연장할 수 있다.

정답 | 281 × 282 × 283 × 284 × 285 × 286 × 287 보조인 288 × 289 2개월 290 ×
291 × 292 14세 293 ○ 294 ○ 295 ○ 296 ○ 297 × 298 × 299 6개월 300 ×

---

301 소년법상 단기보호관찰처분의 기간은 1년이며 1년의 범위 안에서 1회에 한해 그 기간을 연장할 수 있다.

해설 | 기간연장이 가능한 처분은 보호자 또는 보호자를 대신하여 소년을 보호할 수 있는 자에게의 감호위탁(1호), 보호관찰관의 장기 보호관찰(5호), 「아동복지법」에 따른 아동복지시설이나 그 밖의 소년보호시설에의 감호위탁(6호), 병원, 요양소 또는 「보호소년법」에 따른 의료재활 소년원에의 위탁(7호)이다.

302 소년법상 최대 ( )시간을 초과하지 않는 범위 내에서 수강명령처분을 결정할 수 있다.

303 단기 보호관찰기간은 6개월로 하고, 장기 보호관찰기간은 2년으로 한다.

해설 | 단기 보호관찰기간은 1년으로 한다.

304 보호자 및 보호·복지시설 등에의 위탁은 최장 12개월까지 가능하다.

305 소년부 판사는 보호관찰관의 신청에 따라 단기와 장기로 구분되는 보호관찰처분을 1년의 범위에서 한 번에 한하여 결정으로써 그 기간을 연장할 수 있다.

해설 | 장기 보호관찰기간은 2년으로 하되, 소년부 판사는 보호관찰관의 신청에 따라 결정으로써 1년의 범위에서 한 번에 한하여 그 기간을 연장할 수 있는 반면, 단기 보호관찰은 기간연장이 불가능하다.

306 보호처분이 계속 중일 때에 사건 본인에 대하여 유죄판결이 확정된 경우에 보호처분을 한 소년부 판사는 결정으로써 보호처분을 취소하여야 한다.

해설 | 그 처분을 존속할 필요가 없다고 인정하면 결정으로써 보호처분을 취소할 수 있다.

307 보호처분이 계속 중일 때에 사건 본인에 대하여 새로운 보호처분이 있었을 때에는 그 처분을 한 소년부 판사는 이전의 보호처분을 한 소년부에 조회하여 이전의 보호처분을 취소하여야 한다.

해설 | 어느 하나의 보호처분을 취소하여야 한다.

308 보호처분의 변경결정에 대해서는 항고할 수 없다.

해설 | 항고할 수 있다.

309 보호처분이 현저히 부당한 경우에는 사건 본인이나 보호자는 고등법원에 항고할 수 있다.

해설 | 관할 가정법원 또는 지방법원 본원 합의부에 항고할 수 있다.

310 항고법원은 항고가 이유가 있다고 인정한 경우에는 원결정을 파기하고 직접 불처분 또는 보호처분의 결정을 하는 것이 원칙이다.

해설 | 원결정을 취소하고 사건을 원소년부에 환송하거나 다른 소년부에 이송하는 것이 원칙이다.

311 소년부 판사의 보호처분 결정에 대한 항고는 결정의 집행을 정지시키는 효력이 없다.

312 항고법원이 항고를 기각하는 결정에 대하여는 그 결정이 법령에 위반되는 경우에만 대법원에 재항고를 할 수 있다.

313 현행법상 범죄소년에 대해서는 형사처분도 할 수 있도록 하고 있으며, 소년형사사건의 관할은 일반형사법원이다.

314 소년형사사건에서 소년에 대한 변호인이 없는 때에는 법원은 직권으로 국선변호인을 선정하여야 한다.

315 검사는 소년 피의사건에 대하여 소년부 송치, 공소제기 등의 처분을 결정하기 위하여 필요하다고 인정하면 보호관찰소의 장 등에게 조사를 요구할 수 있다.

316 검사는 피의자에 대하여 범죄예방자원봉사위원의 선도를 받게 하고 피의사건에 대한 공소를 제기하지 아니할 수 있다. 이 경우 (　　　　) 소년의 친권자·후견인 등 법정대리인의 동의를 받아야 한다.

317 검사가 소년피의자에 대하여 선도조건부 기소유예를 하는 경우, 소년의 법정대리인의 동의를 받으면 족하고 당사자인 소년의 동의는 요하지 아니한다.

해설 | 검사는 피의자에 대하여 범죄예방자원봉사위원의 선도나 소년의 선도·교육과 관련된 단체·시설에서의 상담·교육·활동 등의 선도(善導) 등을 받게 하고, 피의사건에 대한 공소를 제기하지 아니할 수 있다. 이 경우 소년과 소년의 친권자·후견인 등 법정대리인의 동의를 받아야 한다.

318 법원은 소년에 대한 피고사건을 심리한 결과 벌금 이하의 형에 해당하는 범죄이거나 보호처분에 해당할 사유가 있다고 인정할 때에만 결정으로써 사건을 관할 소년부에 송치할 수 있다.

해설 | 법원은 소년에 대한 피고사건을 심리한 결과 보호처분에 해당할 사유가 있다고 인정할 때에만 결정으로써 사건을 관할 소년부에 송치하여야 한다.

319 소년부는 법원으로부터 송치받은 사건을 조사 또는 심리한 결과 그 동기와 죄질이 금고 이상의 형사처분을 할 필요가 있다고 인정할 때에는 결정으로써 송치한 법원에 사건을 다시 이송하여야 한다.

해설 | 소년부는 법원으로부터 송치받은 사건을 조사 또는 심리한 결과 사건 본인이 19세 이상인 것으로 밝혀지면 결정으로써 송치한 법원에 사건을 다시 이송하여야 한다.

320 검사가 소년피의사건에 대하여 소년부 송치결정을 한 경우에는 소년을 구금하고 있는 시설의 장은 검사의 이송지휘를 받은 때로부터 법원 소년부가 있는 시·군에서는 12시간 이내에 소년을 소년부에 인도하여야 한다.

해설 | 24시간 이내에 소년을 소년부에 인도하여야 한다.

> **정답** | 301 × 302 100 303 × 304 ○ 305 × 306 × 307 × 308 × 309 × 310 × 311 ○ 312 ○ 313 ○ 314 ○ 315 ○ 316 소년과 317 × 318 × 319 × 320 ×

321 보호처분 심리개시의 결정이 있었던 때로부터 그 사건에 대한 보호처분의 결정이 확정될 때까지 공소시효는 계속된다.

해설 | 공소시효는 그 진행이 정지된다.

322 소년에 대한 형사사건은 다른 피의사건과 관련된 경우에도 분리하여 심리하는 것이 원칙이다.

323 소년에 대하여는 어떠한 경우에도 사형을 선고할 수 없다.

해설 | 죄를 범할 당시 18세 미만인 소년에 대하여 사형 또는 무기형(無期刑)으로 처할 경우에는 15년의 유기징역으로 한다. 따라서 죄를 범할 당시 18세 이상 19세 미만인 소년에 대하여는 사형 또는 무기형으로 처할 수 있다.

324 소년이 단기 2년 이상에 해당하는 범죄를 범한 때에는 장기 10년, 단기 5년을 넘지 않는 범위 내에서 부정기형을 선고할 수 있다.

해설 | 소년이 장기 2년 이상에 해당하는 범죄를 범한 때에는 장기 10년, 단기 5년을 넘지 않는 범위 내에서 부정기형을 선고한다.

325 법원은 집행유예 선고 시 부정기형을 선고할 수 있다.

해설 | 선고할 수 없다.

326 소년에 대한 부정기형을 집행하는 기관의 장은 형의 단기가 지난 소년범의 행형성적이 양호하고 교정의 목적을 달성하였다고 인정되는 경우에는 교도관회의의 심의를 거쳐 그 형의 집행을 종료시킬 수 있다.

해설 | 관할 검찰청 검사의 지휘에 따라 그 형의 집행을 종료시킬 수 있다.

327 검사는 형의 단기가 지난 소년범의 행형 성적이 양호하고 교정의 목적을 달성하였다고 인정되는 경우 법원의 허가를 얻어 형집행을 종료시킬 수 있다.

해설 | 소년에 대한 부정기형을 집행하는 기관의 장은 형의 단기가 지난 소년범의 행형(行刑)성적이 양호하고 교정의 목적을 달성하였다고 인정되는 경우에는 관할 검찰청 검사의 지휘에 따라 그 형의 집행을 종료시킬 수 있다.

328 사건의 조사·심리를 위해 소년분류심사원에 위탁된 기간은 형법 제57조 제1항의 판결선고 전 구금일수로 본다.

329 소년에 대하여는 벌금형을 선고하지 못한다.

해설 | 14세 이상인 소년에 대하여는 벌금형을 선고할 수 있다.

330 보호처분이 계속 중일 때에 징역, 금고 또는 구류를 선고받은 소년에 대해서는 보호처분이 종료된 후에 그 형을 집행해야 한다.

해설 | 보호처분이 계속 중일 때에 징역, 금고 또는 구류를 선고받은 소년에 대하여는 먼저 그 형을 집행한다.

331 보호처분을 받아 소년원에 수용 중인 소년에 대하여 징역형의 유죄판결이 확정되면 보호처분을 집행한 후 소년교도소로 이송한다.

해설 | 보호처분을 받아 소년원에 수용 중인 소년에 대하여 징역형의 유죄판결이 확정되면 먼저 그 형을 집행한다.

332 부정기형을 선고받은 소년에 대하여는 단기의 3분의 1이 지나야 가석방을 허가할 수 있다.

333 단기 3년, 장기 6년의 징역형을 선고받은 소년에게는 1년이 지나면 가석방을 허가할 수 있다.

334 소년이 가석방된 후 그 처분이 취소되지 아니하고 가석방심사위원회가 정한 가석방기간을 경과한 때에는 형의 집행을 종료한 것으로 한다.

해설 | 소년이 가석방된 후 그 처분이 취소되지 아니하고 가석방 전에 집행을 받은 기간과 같은 기간이 지난 경우에는 형의 집행을 종료한 것으로 한다.

335 가석방되는 소년에게는 보호관찰을 실시하여야 하며, 그 처분이 취소됨이 없이 가석방 전에 집행을 받은 기간과 같은 기간이 지나면 형집행이 종료된 것으로 간주한다.

336 소년으로 범한 죄에 의하여 자유형의 선고를 받은 자가 자격정지를 병과받은 경우, 자유형의 집행을 종료하거나 집행의 면제를 받은 때에는 집행이 종료되거나 면제된 날로부터 자격정지기간이 기산된다.

해설 | 소년으로 범한 죄에 의하여 자유형의 선고를 받은 자가 자격정지를 병과받은 경우, 자격에 관한 법령을 적용할 때에는 장래에 향하여 형의 선고를 받지 아니한 것으로 본다.

337 소년원은 초·중등교육, 직업능력개발훈련, 의료재활소년원, (   )으로 분류할 수 있으며, 신설하는 소년원은 150명 이내로 한다.

338 소년원에서는 남성과 여성 보호소년, 위탁소년 및 유치소년을 분리수용하나, 원칙적으로 연령별로는 수용하지 않는다.

정답 | 321 × 322 ○ 323 × 324 × 325 × 326 × 327 × 328 ○ 329 × 330 × 331 × 332 ○ 333 ○ 334 × 335 ○ 336 × 337 인성교육소년원 338 ○

339 소년원의 징계

① 징계의 종류
    ㉠ 훈계
    ㉡ 원내 봉사활동
    ㉢ 서면사과
    ㉣ 20일 이내의 텔레비전 시청제한
    ㉤ 20일 이내의 단체체육활동 정지
    ㉥ 20일 이내의 공동행사 참가정지
    ㉦ 20일 이내의 기간 동안 지정된 실(室) 안에서 근신하게 하는 것(14세 이상, 매주 1회 이상 실외운동)

② 징계의 부과
    ㉠ ㉢부터 ㉥까지의 처분은 함께 부과 가능
    ㉡ ㉦의 처분을 받은 보호소년 등에게는 그 기간 중 ㉣부터 ㉥까지의 처우제한을 함께 부과(원칙) 다만, 예외 인정
    ㉢ 징계사실 보호자에게 통지(소년의사 무관)

③ 교정성적의 감점 : 법무부령으로 정하는 기준

④ 보호소년등처우 · 징계위원회
    ㉠ 보호소년 등의 처우에 관하여 원장의 자문에 응하게 하거나 징계대상자에 대한 징계를 심의 · 의결
    ㉡ 위원회 구성 : 위원장(원장)을 포함한 5명 이상 11명 이하의 위원으로 구성하고, 민간위원은 1명 이상
    ㉢ 위원은 위원장이 임명 · 위촉
    ㉣ 위원회가 징계대상자에 대한 징계를 심의 · 의결하는 경우에는 1명 이상의 민간위원이 해당 심의 · 의결에 참여(원칙)

340 소년원의 보호장비 : 수갑, 포승, 가스총, 전자충격기, 머리보호장비, 보호대

① 수갑과 포승, 보호대
    • 이탈 · 난동 · 폭행 · 자해 · 자살을 방지
    • 조사 · 심리, 이송, 그 밖의 사유로 호송
    • 안전이나 질서를 해칠 우려가 현저

② 가스총이나 전자충격기
    • 이탈, 자살, 자해하거나 이탈, 자살, 자해하려고 하는 때
    • 다른 사람에게 위해를 가하거나 가하려고 하는 때
    • 위력으로 직무집행을 방해하는 때
    • 설비 · 기구 등을 손괴하거나 손괴하려고 하는 때
    • 안전과 질서를 크게 해치는 행위를 하거나 하려고 하는 때

③ 전자영상장비 : 여성인 보호소년 – 여성인 소속 공무원, 남성인 보호소년 – 남성인 소속 공무원

341 소년원의 사회정착 지원 : 성공적인 사회정착을 위하여 장학·원호·취업알선 등 필요한 지원을 할 수 있고, 기간은 6개월+(   )

342 소년원 보호소년 인도 : 보호소년의 보호자 등이 없거나 출원예정일로부터 (   ) 이내에 보호자 등이 인수하지 아니하면 사회복지단체, 독지가, 그 밖의 적당한 자에게 인도 가능

343 임시퇴원 : 교정성적 양호+보호관찰의 필요성＝보호관찰심사위원회에 임시퇴원 신청, 법무부장관 허가

344 보호소년이 퇴원한 때부터 (   ) 동안 관계기관에 그 소년에 관한 범죄경력자료와 수사경력자료 요청 가능

정답 | **341** 6개월   **342** 10일   **344** 3년

001 일선기관 주요 위원회

명칭	위원수	사무	범위	위임법령
징벌 위원회	• 위원장: 소장의 바로 다음 순위자 • 위원장 포함 5명 이상 7명 이하(외부위원은 3명 이상) • 재적위원 과반수의 출석으로 개의(외부위원 1명 이상 출석하여야 개의 가능) • 출석위원 과반수의 찬성으로 의결	• 징벌대상행위의 사실 여부 • 징벌의 종류와 내용 • 징벌기간 산입 • 징벌위원에 대한 기피신청의 심의·의결 • 징벌집행의 유예 여부와 그 기간 • 그 밖에 징벌내용과 관련된 중요사항	심의 의결	형집행법
분류 처우 위원회	• 위원장: 소장 • 위원장 포함 5명 이상 7명 이하 • 매월 10일 개최(휴무일일 때에는 그 다음 날 개최) • 재적위원 2/3 이상의 출석으로 개의 • 출석위원 과반수의 찬성으로 의결	• 처우등급 판단 등 분류심사 • 소득점수 등의 평가 및 평정 • 수형자 처우와 관련하여 소장의 심의 요구 • 가석방 적격심사 신청 대상자 선정 • 그 밖에 수형자의 수용 및 처우	심의 의결	형집행법 (세부사항 법무부령)
귀휴 심사 위원회	• 위원장: 소장(소장 부재 시 부소장, 부소장 부재 시 위원장이 미리 지정한 위원이 직무대행) • 위원장 포함 6명 이상 8명 이하(외부위원은 2명 이상) • 재적위원 과반수의 출석으로 개의 • 출석위원 과반수의 찬성으로 의결	• 수용관계: 건강상태, 징벌 유무 등 수용생활태도, 작업·교육의 근면·성실 정도 등 • 범죄관계: 범행 시의 나이, 범죄의 성질 및 동기, 공범관계 등 • 환경관계: 가족 또는 보호자, 가족과의 결속 정도, 보호자의 생활상태 등	허가 심사	법무부령

002 기타 위원회

명칭	구성	사무	기능	위임법령
가석방 심사 위원회	• 위원장: 법무부차관(부재 시 위원장이 미리 지정한 위원이 직무대행) • 위원장 포함 5명 이상 9명 이하	가석방 적격심사	심사 결정	형집행법 (세부사항 법무부령)
교정 자문 위원회	• 위원장: 위원 중 호선 • 10명 이상 15명 이하(2년, 연임 ○) • 위원은 지방교정청장 추천, 법무부장관 위촉(4명 이상 여성위원) • 위원 과반수의 요청, 지방교정청장이 필요하다고 인정하는 경우에 회의	• 교정시설의 운영 자문에 대한 조언 • 수용자의 처우 자문에 대한 조언 • 노인·장애인수용자 등의 보호, 성차별 및 성폭력 예방정책 자문에 대한 조언	조언	형집행법 (세부사항 법무부령)
취업 지원 협의회	• 회장: 소장, 부회장: 2명 • 회장 포함 3명 이상 5명 이하 내부위원 +10명 이상 외부위원(3년, 연임 ○) • 반기마다 정기회의, 필요 시 임시회의	• 수형자의 사회복귀 지원 업무 자문에 대한 조원 • 수형자 취업알선 및 창업지원 등을 위하여 필요한 활동	조언 지원	형집행법 (세부사항 법무부령)
교도관 회의	• 의장: 소장 • 소장·부소장·6급 이상의 교도관(지소는 7급 이상의 교도관) • 매주 1회 이상 회의 • 총무과 소속 서기 1명 임명	• 교정행정 중요 시책의 집행방법 • 교도작업 및 교도작업특별회계의 운영에 관한 주요사항 • 각 과 및 여러 과의 주요업무 • 주요 행사의 시행	심의	교도관 직무규칙

보호 관찰 심사 위원회	• 위원장: 고등검찰청 검사장 또는 고 등검찰청 소속 검사 중에서 법무부장 관이 임명 • 위원장 포함 5명 이상 9명 이하 • 위원은 법무부장관이 임명·위촉	• 가석방과 그 취소 • 임시퇴원, 임시퇴원의 취소 및 보호 소년의 퇴원 • 보호관찰의 임시해제와 그 취소 • 보호관찰의 정지와 그 취소 • 가석방 중인 사람의 부정기형의 종료	심사 결정	보호 관찰법
보안 관찰 심의 위원회	• 위원장: 법무부차관 • 위원장 1인과 6인의 위원 • 위원은 법무부장관 제청, 대통령 임 명·위촉	• 보안관찰처분 또는 그 기각결정 • 면제 또는 그 취소결정 • 보안관찰처분의 취소 또는 기간의 갱 신결정	심의 의결	보안 관찰법
치료 감호 심의 위원회	• 위원장: 법무부차관 • 일반직 공무원 또는 변호사 자격 6명 이내, 전문의 자격 3명 이내	• 치료감호시설 간 이송 • 치료의 위탁·가종료 및 그 취소와 침 료감호 종료 여부 • 준수사항의 부과 등 • 치료감호기간 만료 시 보호관찰 개시	심사 결정	치료 감호법
중앙 급식 관리 위원회	• 위원장: 교정본부장 • 위원장 포함 7인 이상 9인 이하 • 위원은 교정정책단장 등 추천, 법무 부장관 위촉	• 수용기관에 수용된 수용자의 급식 및 식품위생 • 급식에 관한 기준영양량의 결정 • 수용자의 급식제도 개선	심의	수용자 급식관리 위원회 운영지침

003 우리나라 교정시설 명칭의 변천

시기	명칭
삼국시대	영어, 뇌옥, 형옥, 수옥
고려·조선	전옥서
갑오개혁(1894년)	감옥서
일제시대(1923년)	형무소
현재(1961년)	교도소

004 집합적 무능화와 선별적 무능화 요약비교

구분		집합적 무능화	선별적 무능화
공통점		범죄자로부터의 사회방위가 그 목적	
차이점	대상	유죄가 확정된 모든 강력범죄자	소수의 중·누범죄자

	방법	• 정기형
		  − 장기형을 강제하는 법률 제정
		  − 선시제도의 경우, 선행에 대한 가산점
		    축소
		• 부정기형 : 가석방 지침이나 요건 강화
		  로 가석방 지연
			• 소수의 중·누범죄자 : 장기구금
			• 경미범죄자 : 사회 내 처우

005 선별적 무능화의 장단점

장점	• 상습 중·누범자들을 격리함으로써 범죄를 감소시킨다. • 교정시설의 과밀화 해소효과를 얻을 수 있다. • 경미한 범죄자의 사회 내 처우를 활성화하는 데 유리하다. • 집합적 무능화에 비해 교정예산이 절감된다.
단점	• 상습 중·누범자의 판단기준을 현재가 아닌 과거의 범죄전력에 둔다. • 격리된 중·누범자의 자리를 다른 범죄자가 차지하면 사실상 범죄 감소효과를 기대하기 어렵다. • 사형이 아닌 이상 중·누범자는 결국 사회로 복귀하게 되므로 무능화는 일시적일 뿐이다.

006 과밀수용 해소방안 요약정리(블럼스타인)

무익한 전략		수용인원이 증가하더라도 별도 대책 없이 자체적으로 증가인원을 소화하자는 방안
선별적 무능화		중·누범자만을 선별적으로 구금하여 교정시설공간을 효율적으로 운영하자는 방안
수용인구 감소전략	정문정책	범죄인의 구금보다는 비구금적 제재로 전환하여 수용인원을 처음부터 줄이자는 방안
	후문정책	기존의 수형자를 형기만료 이전에 출소시켜 수용인원을 줄여가자는 방안
형사사법절차 개선전략		형사절차과정에서 교정시설의 수용능력을 고려하여 결정하자는 방안
교정시설 확충전략		교정시설을 증설하여 수용능력을 확대하자는 방안

007 클레머의 수형자집단의 유형

유형	특징
도당	• 3~4명의 친밀한 수형자로 구성된다. • 제1차적 집단이라고도 하며, 수형기간이 길어질수록 그 비율이 감소한다.
집단원	• 집단구성원 간의 친밀도와 집단에의 소속감이 긴밀하지 않다. • 반차적 집단 또는 제2차적 집단이라고도 한다.
비집단원	• 고령자, 저능아, 정신박약자 등 수형자 일반에게 배척되는 자나, 범죄자 집단보다는 외부의 가족이나 친구들과의 연락·교제에 더 관심을 기울이는 자들이다. • 수형기간이 길어질수록 그 비율이 증가한다.

008 수형자 분류

구분	유럽형 분류	미국형 분류
특징	전통적 의미의 분류(수용분류)	현대적 의미의 분류(처우분류)
기준	• 외부적 특징 : 성별, 연령, 죄질, 범죄 수 등 • 급별(수직적·종적) 분류	• 내부적 특징 : 신상에 관한 개별사안의 조사, 심리·지능·적성검사 등 • 유별(수평적·횡적) 분류

목적	수형자 보호, 교도소 내 질서유지 및 관리, 악풍 감염 방지 등(소극적 목적)	실질적 개별처우를 위한 분류(적극적 목적)
방식	집단별 분류	개별적 분류
발전	집단별 처우에서 누진처우제도로 발전	개별적 처우에서 분류처우제도로 발전
대표시설	네덜란드의 암스테르담 노역장	벨기에의 포레스트 감옥

009 개방처우의 장단점

장점	단점
• 수형자의 신체적·정신적 건강에 유리 • 수형자의 자발적 개선의욕 증진 및 사회복귀 촉진 • 가족이나 친지 등과의 유대감 지속으로 정서적 안정 도모 • 통제 및 감시에 소요되는 비용 절감 • 형벌의 인도화에 기여	• 국민의 법감정에 배치 • 도주위험 증가 • 완화된 계호와 감시를 이용하여 외부인과의 부정한 거래 가능 • 형사사법망의 확대 초래 우려

010 중간처벌의 유형

재판단계 중간처벌	벌금형, 판결 전 전환제도 등
보호관찰 관련 중간처벌	집중감시보호관찰, 배상제도, 사회봉사명령, 수강명령, 전자감시 등
교정 관련 중간처벌	충격구금, 병영식 캠프 등

011 교정의 범위

구분	교정처우 대상자	관련 법률
최협의의 교정	자유형(징역·금고·구류) 집행대상자 + 노역장 유치명령자	형집행법상 수형자
협의의 교정	최협의의 교정처우 대상자 + 미결수용자 + 사형확정자 + 그 밖에 법률과 적법한 절차에 따라 교정시설에 수용된 자(피감치자·일시수용자)	형집행법상 수형자
광의의 교정	협의의 교정처우 대상자 + 자유박탈적 보안처분 대상자(보안처분 중 수용처분: 소년원수용처분·치료감호처분) + (시설 내) 중간처우 대상자	형집행법, 소년법, 치료감호법
최광의의 교정	광의의 교정처우 대상자 + 사회 내 처우 대상자	형집행법, 소년법, 보호관찰법 등

012 교정학은 감옥학에서 시작되어 행형학, 교정교육학, 교정보호론의 명칭으로 발전해 왔다.

구분	내용
감옥학	• 시기: 19세기 후반(1870~1890년대) • 독일은 수용시설의 질서와 강제적 권위주의에 의한 감옥관리(안전 및 질서)에 중점을 두었다. • 일본은 질서와 강제적 권위주의에 의한 감옥관리의 범위 내에서 개별처우에 의한 개선도 인정하였다.
행형학	• 시기: 제1차 세계대전 이후 • 마사키 아키라(正木亮) 교수는 「행형의 제 문제」에서 노동·수양·능력발휘를 행형의 삼위일체로 주장하였다. • 감옥학이 감옥관리를 강조한 반면, 행형학은 교육형주의를 기반으로 범죄인에 대한 교육에 중점을 두었다(수형자 중심의 교육기능 강조).
교정교육학 (교정처우론)	• 시기: 제1차 세계대전 이후 • 독일에서 시작하여 영국과 미국의 교화행형(rehabilitation)으로 이념적 발전을 이루었다. • 결정론적 시각에서 계획적인 프로그램으로써 범죄인의 재범위험성 감소 내지 제거를 목적으로 하는 교정·교화개선·사회복귀에 중점을 두었다. • 개별처우의 강조로 제2차 세계대전까지는 큰 호응을 얻었으나, 시설 내 구금을 전제해야 한다는 한계에 봉착하였다.
교정보호론 (신응보론)	• 시기: 1970년대 후반 • 교정교육학의 특별예방효과에 대한 회의, 비용의 증가, 인권침해에 대한 비판 제기 등을 배경으로 등장하였다. • 알렌, 모리스, 윌슨, 포겔 등은 범죄인에 대한 강제적 치료보다는 정의에 입각한 처벌과 법률적 보호에 중점을 두었다. • 제지 및 억제이론으로 불리는 응보주의적 접근법을 강조하였다. • 반복적으로 범죄를 저지르는 소수 범죄인들을 사회로부터 장기간 격리하여 무력화할 필요가 있다는 그린우드(P. Greenwood)의 선별적 무능력화와, 선별적 무능력화를 구체적 제도로 실현한 삼진법(three strike out law)은 신응보론자들의 대표적 대안이다.

013 펜실베니아제와 오번제

구분	펜실베니아제도(주야엄정독거)	오번제도(주침묵혼거·야독거)
공통점	사회로부터 격리하여 체계적이고 규칙적이며 훈육된 생활 추구	
목표	정직한 사람	복종적인 시민
방법	종교적 방법으로 반성·참회의 기회 부여	침묵과 집단훈육으로써 재사회화
주장	악풍감염 방지, 독거의 처벌적 훈육효과 기대	비용절감, 노동력의 효율적 이용
생산성	종교적 수공업사회 지향	산업사회 지향(20세기 산업교도소의 전신)
창시자 및 대표시설	• 창시자 : 윌리엄 펜(William Penn) • 대표시설 : 월넛교도소(Walnut Street Jail)	• 창시자 : 엘람 린즈(Elam Lynds)(1823) • 기원 : 오번교도소, 간트교도소 등 • 대표시설 : 싱싱(Sing Sing)교도소
장점	• 악풍감염과 증거인멸 방지 • 회오, 반성 및 속죄의 기회 제공 • 개별처우와 계호상 유리	• 침묵으로 인한 악풍감염 해소 • 사회적 훈련 용이 • 교정사고 방지와 통일성 유지에 유리

단점	• 사회적 훈련 곤란 • 자살 및 정신상 문제 우려 • 비용증대	• 교도관의 계호감시 및 규율유지 곤란 • 위생상 문제 우려 • 개별처우 문제

014 청원

대상		수용자(본인 처우상 불복) → 법무부장관·순회점검공무원·관할 지방교정청장
방법	말	• 순회점검공무원 • 인적사항 : 소장(예 요지·결정요지 : 순회점검공무원 청원부 기록)
	서면	소장에게 제출 ⇨ 법무부장관, 순회점검공무원, 관할 지청장에게 송부
결정		• 순회점검공무원이 결정 곤란한 것은 법무부장관에게 보고 • 법무부장관·순회점검공무원·관할 지청장 → (문서) → 소장 → 청원인
기타		청원처리 기준 및 절차 등은 법무부장관이 정하는 바에 따라(청원처리지침)

015 수형자자치제

의의		계호주의의 결함 개선과 자기통제의 원리에 입각한 교육훈련으로써 사회적응능력 함양(목표)
연혁		• 조지소년공화국에서 최초 실시 • 오번교도소(오스본) : 최초의 수형자자치제로 평가
전제조건		혼거제, 과학적 분류심사, 부정기형제도, 가석방제도, 소규모 시설과 전문인력 확보
현행 자치제도		• 자치생활 : 완화경비처우급 이상 • 자치활동 : 외부통근자 • 자치생활 : 월 1회 이상 토론회, 월 2회 이내에서 경기 또는 오락회 개최 • 자치생활 취소 : 법무부장관 또는 소장이 정하는 준수사항 위반(외부통근 동일)
장단점	장점	질서유지, 사회적응능력 유도, 계호부담 경감 등
	단점	형벌의 위하력·존엄성 말살, 소수로 인한 다수의 고통 유발 가능

016 커티지제(소집단 수형자자치제)

의의		소집단을 구성하여 가족적인 분위기에서 처우하는 제도
연혁		• 랭커스터 오하이오 학교에서 최초 실시 • 커티지제+수형자자치제 → 누진처우제(집단적 점수제)
처우방법		• 적성에 따른 커티지 분류 → 자치활동 → 엄격한 행동제한 및 적정한 처우방법 강구 • 20~35명을 독립된 가옥에 분류수용
장단점	장점	점수제·독거제·혼거제의 단점 보완
	단점	일반인의 법감정 위배 및 경제적 문제

017 수용의 원칙과 예외

원칙	19세 이상(교도소) – 19세 미만(소년교도소) – 미결수(구치소) – 사형확정자(구치소·교도소)
예외	• 소년교도소 : 23세가 되기 전까지 계속 수용 가능 • 구치소 : 취사 등을 위한 수형자 수용 가능 • 다른 교정시설로의 이송대상자 : 6개월을 초과하지 않는 기간 동안 계속 수용 가능
이성 분리수용	필요한 경우를 제외하고 남성교도관은 야간에 여성수용자 시찰금지
사형확정자 수용	독거수용이 원칙이나 자살우려 시 미결수, 교육·교화·작업희망 시 수형자와 혼거 가능

018 수용자 이송

승인	• 주체 : 법무부장관, 지방교정청 청장에게 일부 위임 가능 • 위임사유 : 수용거실 일시부족, 수용인원 불균형 조정, 안전과 질서유지
수용사실 통지	신입자와 이입자 가족에게 통지(불원 시 미통지)
이송중지	이송중지 사유발생 시 이송중지 후 이송받을 소장에게 통보
호송 시 분리	호송차량의 좌석분리(차량분리 ×)
긴급이송 등	천재지변 등으로 긴급이송(소장) → 불가능 시 일시석방(24시간 이내에 관계기관 출석)
수형자 등 호송규정	• 교정시설 호송 : 교도관, 그 밖의 호송 : 경찰관, 사법경찰관리로서의 직무를 수행하는 검 　찰청 직원 • 차례로 여러 곳을 거쳐 호송 가능 • 발송관서는 미리 수송관서에 피호송자 성명·시일·사유·방법 통보 • 영치품 탁송 시 호송관서 보관책임, 그 외에는 발송관서 보관책임 • 일출 전 일몰 후 호송 불가(원칙), 열차·선박·항공기 이용 또는 특별한 사유 시 가능(예외) • 도주 시 호송관 → 인근 경찰관서, 호송관서 통지 → 관할 지방검찰청, 사건소관 검찰청, 호 　송명령관서, 발송·수송관서 통지 • 질병발생 시 인근 교정시설, 경찰관서에 일시 유치 → 치유 → 발송관서 통지 • 사망 시 사망지 관할 검사의 지휘에 따라 업무처리, 열차·선박·항공기에서 사망 시 최초 　도착지 관할 검사의 지휘에 따라 업무처리 • 호송비용은 호송관서 부담

019 엄중관리 대상자

구분	조직폭력(제1호)	마약류(제2호)	관심대상(제3호)
의의	교정시설의 안전과 질서유지를 위하여 다른 수용자와의 접촉을 차단하거나 계호를 엄중히 하여야 하는 수용자		
색상	노란색	파란색	노란색
지정 기준	• 체포·구속영장, 공소장 또는 재 　판서에 조직폭력사범 명시 • 단체 등의 구성·활동 및 이용·지 　원(죄) 또는 범죄단체 등의 조직 　(죄) 적용	• 체포·구속영장, 공소장 또는 재 　판서에 마약류에 관한 형사법률 　적용 • 위 형사법률의 집행유예기간 중 　에 별건으로 수용	• 타 수용자 상습 폭행 • 교도관 폭행·협박의 재발우려 • 요구관철을 목적으로 상습 자해 • 수용질서 문란 조직폭력수용자 　(조폭행세 포함)

지정 기준	• 공범·피해자 등의 체포·구속영장, 공소장 또는 재판서에 조직폭력사범 명시		• 무죄 외 사유로 출소 후 5년 이내 재수용된 조직폭력수용자 • 상습 공무집행 방해 • 도주의 재발우려 • 중형선고 등에 따른 적응곤란 • 자살시도의 재발우려 • 자살 등 교정사고 우려 • 규율위반의 상습성 인정 • 상습 부조리 기도
처우 제한	• 대표직책 부여금지 • 접견 시 접촉차단시설 이용 • 귀휴나 그 밖의 특별한 이익 허용요건에 관한 규정 엄격적용 • 특이사항 관계기관 통보	• 의약품 투약 시 유의 • 마약반응검사 가능(강제 ×) • 물품교부 제한 • 보관품 등 수시점검 • 특이사항 감독교도관 보고	–
지정	당연 소장 직권지정	당연 소장 직권지정	• 원칙: 분류처우위원회 의결 • 예외: 교도관회의 심의(미결수용자 등)
해제	교도관회의 심의 또는 분류처우위원회 의결 • 공소장 변경 도는 재판확정에 따른 지정사유 해소	교도관회의 심의 또는 분류처우위원회 의결 • 공소장 변경 또는 재판확정에 따라 지정사유 해소 • 지정 후 5년이 지나고 수용생활 태도 등 양호(단, 병과)	• 원칙: 분류처우위원회 의결 • 예외: 교도관회의 심의(미결수용자 등)

020 교정학은 감옥학에서 시작되어 행형학, 교정교육학, (   )의 명칭으로 발전해 왔다.

021 선별적 무능력화는 집합적 무능력화에 비해 교정예산의 절감에 도움이 되지 않는다.

해설 | 교정예산의 절감에 도움이 된다.

022 선별적 무능력화는 특별억제를 포기하고 일반억제를 강조하는 전략이다.

해설 | 일반억제를 강조하는 전략은 집합적 무능력화이다. 선별적 무능력화는 특별억제를 보다 강조하는 전략이다.

023 (   )모델은 수용자에 대한 강제적 처우로 인권침해라는 비판을 받았다.

024 의료모델이나 치료모델은 부정기형보다 정기형을 선호한다.

해설 | 정기형보다 부정기형을 선호한다.

025 (   )모형은, 범죄자는 병자이므로 처우를 필요로 하고, 치료될 수 있다고 믿지만, 동시에 자신의 행위에 대해 책임질 수 있고, 준법 여부에 대한 의사결정을 스스로 할 수 있다고 본다.

026 (   )모델은 범죄자와 지역사회의 유대 및 지역사회에 기초한 처우를 중요시한다.

027 (   )모델은 사법기관이나 교정기 관의 재량권 남용에 대해 비판하고, 부정기형의 폐지를 주장한다.

처벌을 위한 교정	교화개선을 위한 교정	사법정의를 위한 교정
구금모델	• 의료＝치료＝갱생모델 • 개선＝적응＝경제모델 • 재통합＝재사회화모델	정의＝사법＝공정모델

028 정의모델(사법모델)은 범죄자의 처우문제에 대해 범죄자의 법적 지위의 보장이라는 차원에서 접근하려는 것으로, 교정제도의 개선보다 범죄자의 갱생에 목적을 두고 있다.

해설 | 정의모델은 처우의 중점을 공정성 확보에 두고, 형사정책의 기본목적인 사법정의의 실현을 목표로 하며, 적법절차에 따라 처우할 것을 강조한다. 따라서 범죄자의 갱생보다 교정제도의 개선에 목적을 두고 있다.

029 3진아웃과 관련된 것은 (   )모델이다.

030 조선시대의 형벌제도에서 질병에 걸린 자나 임신한 여자는 태형을 집행하지 않고 대신 (   )을 받았다.

031 조선시대의 형벌제도에서 형조에서 감옥과 범죄수사 업무를 담당했던 부서는 장금사이고 죄수의 구금은 주로 (   )에서 시행하였다.

중앙	형조		조선 초기에 설치된 육조(六曹) 중 하나로, 국가의 사법과 노예 등에 관한 사무 총괄	
		4사 (司)	상이사	중죄에 대한 복심(覆審) 담당
			고율사	법령의 조사 담당
			장금사	감옥과 범죄수사 담당
			장예사	노예(호적·소송)와 포로에 관한 업무 담당
		전옥서		죄수의 구금 담당
	사헌부		감찰기관으로서 풍속교정, 관리의 규찰 및 탄핵 등 담당	
	의금부		국왕 직속 수사기관으로서 특수범죄 담당	
	한성부		수도의 일반행정, 전국의 토지·가옥·묘지에 관한 소송 담당	
지방	관찰사		군·현의 행형(유형 이하) 관장, 도 내의 행정·사법·군사 총괄	
	수령		행정의 일부로서 행형(장형 이하) 관장, 형방의 소관	

032 조선시대의 형벌제도에서 장형(杖刑)은 (   ) 때 폐지되었으며, 태형보다 중한 벌로서 60대에서 100대까지 5등급이 있었고, 별도로 집행하는 경우도 있었지만, 도·유형에 병과하는 것이 보통이었다.

033 조선시대의 형벌제도에서 유형 중 안치는 왕족이나 고관현직자에게 적용되었고, 유거의 성질에 따라 본향안치, 절도안치, (   ) 등이 있었다.

034 조선시대의 유형은 오늘날의 (   )형에 해당하는 것으로, 장형이 병과되었다.

035 조선시대 도형(徒刑)의 기간은 1년에서 3년까지 (   )종으로 구분하였는데, 장형(杖刑)이 병과되었다.

036 조선시대 형벌 가운데 도형(徒刑)과 유형(流刑)은 오늘날 (   )과 유사하다.

037 (   )는 관원에 대해 과하는 유형의 일종으로, 일정 지역을 지정하여 거주하게 하는 형벌이다.

038 충군은 왕족이나 현직 고관인 사람에 한해 일정한 장소에 격리시켜 유지하게 하는 형벌이다.

해설 | 충군이 아닌 안치에 대한 설명이다.

039 조선시대 휼형의 사례로는 사형은 유형으로, 유형은 (　　　　)으로, 도형은 장형으로 처리하는 감형(減刑)이 있었다.

040 고려·조선시대의 휼형(恤刑)제도는 오늘날 (　　　　)와 유사한 측면을 가지고 있었다.

▶ **휼수(휼형)제도(恤囚制度)**

- 조선시대의 휼수제도는 형벌을 가벼이 하거나 구금된 자를 보호하는 등의 정책으로, 죄수를 구제하는 제도적 장치이다.
- 감강종경(減降從輕)은 사형을 유형으로, 유형을 도형으로, 도형을 장형으로 감하는 제도로, 오늘날의 감형에 해당한다.
- 보방제도(保放制度)는 건강악화나 부모사망 등의 사유로 죄수를 일시석방하는 제도로, 1905년 「형법대전」에 규정되었고, 오늘날의 구속집행정지, 형집행정지 및 특별귀휴에 해당한다.

정답 | 020 교정보호론　021 ✕　022 ✕　023 의료　024 ✕　025 적응　026 재통합　027 정의　028 ✕
029 정의　030 속전　031 전옥서　032 갑오개혁　033 위리안치　034 무기금고　035 5　036 자유형　037
중도부처　038 ✕　039 도형　040 귀휴

---

041 1894년 갑오개혁을 계기로 종래의 전통적인 5형(태형, 장형, 도형, 유형, 사형) 중심의 형벌체계가 자유형 중심으로 전환되었다.

042 우리나라에서는 1894년 갑오개혁으로 (　　　　)가 제정되면서 수형자 분류사상이 처음으로 도입되었다고 한다.

043 1953년 폐지된 미군정 때 실시된 우량수형자 석방령은 선시제(Good Time System)의 성격을 가진 것이다.

044 우리나라 구금시설의 명칭은 뇌옥·영어·형옥·수옥(삼국시대) → 전옥서(고려·조선시대) → 감옥서(1894) → 형무소(1923) → 교도소(1961)로 변경되었다.

045 가장 오래된 최초의 교정시설은 (   )이다.

브라이드웰 노역장	1555	[영국] 최초의 교정시설
암스테르담 징치장	1595	[네덜란드] 최초의 자유형 집행시설
여자조사장	1597	암스테르담 징치장에 설치된 여성 수용시설로, 성별 분류의 기원
불량청소년 숙식소	1603	암스테르담 징치장에 설치된 청소년 수용시설로, 연령별 분류의 기원
산 미켈레 감화원	1704	[이탈리아] 소년교도소의 기원이자 최초의 분방식 교정시설
간트교도소	1773	[벨기에] 근대교도소의 기원(오번제의 시초라는 평가)
월넛구치소	1790	[미국] 최초의 독거수용 실시기관이자 펜실베니아제의 시초
엘마이라 감화원	1876	[미국] 미국 최초의 가석방 실시기관이자 상대적 부정기형제도의 시초
오번교도소	1914	[미국] 최초의 수형자자치제 실시기관이자 오번제의 시초(1823)

046 (   )는 분류수용이 보다 과학적으로 시행되고, 개선된 의료시설을 구비한 가장 모범적인 근대교도소의 효시로 평가받고 있다.

047 전주형은 우리나라 대부분의 교도소 형태로서 계호측면에서 인력절감 등의 장점이 있지만, 채광이나 통풍 및 자연위생 면에서 불리한 시설의 형태이다.

해설 | 우리나라 대부분의 교도소 형태는 긴 복도를 중심으로 양편 또는 한편에 수용실이 일렬로 늘어선 전주형(telephone pole type)으로, 위생 측면에서 유리하지만 계호 측면에서 많은 인력이 소요된다는 단점이 있다.

048 펜실베니아 시스템은 윌리엄 펜(William penn)의 참회사상에 기초하여 창안되었으며, 침묵제 또는 교담금지제로 불린다.

해설 | 필라델피아제, 엄정독거제, 분방제 등으로 불린다.

049 수형자자치제는 뉴욕주의 (   )에서 최초로 시작되었다.

050 수형자자치제는 정기형의 책임주의에 부합할 수 있다.

해설 | 부정기형에 부합할 수 있다.

051 선시제도는 대규모 시설에서의 획일적인 수용처우로 인한 문제점을 해소하기 위해 가족적인 분위기에서 소집단으로 처우하는 제도이다.

해설 | 선시제도가 아닌 카티지제에 대한 설명이다.

052 카티지제는 가족적 분위기를 창출할 수 있다는 장점이 있는 반면, 독거제와 혼거제의 문제점이 모두 나타날 수 있다는 단점이 있다.

해설 | 카티지제는 독거제와 혼거제뿐만 아니라 점수제의 단점도 보완할 수 있다는 장점이 있다.

053 미국의 경우, 3진아웃제와 같은 범죄에 대한 강력한 대응책이 과밀수용을 초래하였다고 볼 수 있다.

054 과밀수용을 해소하기 위한 후문정책은 가석방, 선시제도 등과 같은 제도를 들 수 있으며, 이 정책의 단점은 형사사법망을 확대시킨다는 것이다.

해설 | 정문정책은 형사사법망의 확대를 초래할 수 있다는 단점이 있는 반면, 후문정책은 조기석방된 범죄자가 재입소하는 이른바 회전식 교도소문 증후군이 발생할 수 있다는 단점이 있다.

055 과밀수용 해소방안으로 선별적 무능화, 사회적 처우의 확대, 전자감시 가택구금, 교정시설의 민영화 등이 있다.

해설 | 귀휴, 외부통근, 주말·휴일구금 및 사회 내 시설 이용 등 사회적 처우의 확대는 과밀수용 해소방안이 될 수 없다.

056 독일의 프로이덴탈은 수형자의 권리의무는 행정규칙으로 규제할 수 없으며, 반드시 법률 또는 법규명령에 의하여야 한다는 (   )를 주장하였다.

057 사법적 수용자의 권리구제방법은 비사법적 방법에 비해 많은 시간과 비용이 소요되며, 전문가의 조언을 받아야 하는 등의 사정 때문에 수형자가 손쉽게 이용하기 곤란하다.

▸ 청원 등 요약

구분	청원	순회점검	소장면담	시찰	참관
권리구제	○	○	○	×	×
주체	수용자	장관, 순회점검공무원	수용자	판사·검사	일반인
목적	처우불복	감독작용	처우	직무상 필요	학술연구 등
허가(결정)	장관, 지방교정청장	장관	소장	직무상 인정	소장
횟수	제한 없음	매년 1회 이상	제한 없음	수시	소장허가 시

058 사법적 권리구제수단으로는 행정소송, 민·형사소송, (   )이 있다.

059 수용자는 그 처우에 관하여 불복하는 경우에 법무부장관, 순회점검공무원 또는 관할
(   )에게만 청원할 수 있다.

060 수용자는 자기 또는 타인의 처우에 대한 불복이 있는 경,우 법무부장관·순회점검공무원 또
는 관할 지방교정청장에게 청원할 수 있다.

　　해설 | 수용자는 자기의 처우에 관하여 불복하는 경우에만 청원할 수 있다.

정답 | 041 ○　042 징역표　043 ○　044 ○　045 브라이드웰　046 간트교도소　047 ×　048 ×　049
오번교도소　050 ×　051 ×　052 ×　053 ○　054 ×　055 ×　056 행형법치주의　057 ○　058 헌법소원
059 지방교정청장　060 ×

061 비사법적 권리구제수단으로서 서면으로 청원을 하는 경우, 수용자는 청원서를 작성하여 봉
한 후 (   )에게 제출하여야 한다.

062 수용자는 법무부장관에게 직접 청원할 수 있으나, 소장에게 청원의 취지를 미리 구두나 서면
으로 알려야 한다.

해설 | 수용자는 법무부장관에게 청원할 수 있으나 직접 할 수는 없다. 청원하려는 수용자는 청원서를 작성하여 봉한 후 소장에게 제출하여야 하는데, 이때 소장에게 청원의 취지를 미리 구두나 서면으로 알릴 필요는 없다.

063 소장은 특별한 사유가 없는 한 청원서를 개봉하여서는 아니 되며, 지체 없이 이를 법무부장관에게 송부하여야 한다.

해설 | 소장은 청원서를 개봉하여서는 아니 되며, 이를 지체 없이 법무부장관·순회점검공무원 또는 관할 지방교정청장에게 보내거나 순회점검공무원에게 전달하여야 한다. 소장이 청원서를 개봉하여야 하거나, 개봉할 수 있는 사유는 없다.

064 수용자는 법무부장관, (   ) 또는 소장에게 정보의 공개를 청구할 수 있다.

065 (   )회 이상 정보공개청구비용을 납부하지 않은 수용자는 비용을 미리 납부하게 할 수 있다.

066 현재의 수용기간 동안 법무부장관, 지방교정청장 또는 소장에게 정보공개청구를 한 후 정당한 사유 없이 그 청구를 취하하거나 「공공기관의 정보공개에 관한 법률」 제17조에 따른 비용을 납부하지 아니한 사실이 2회 이상 있는 수용자가 정보공개청구를 한 경우에는 청구를 한 날부터 (   ) 이내에 비용을 산정하여 해당 수용자에게 미리 납부할 것을 통지할 수 있다.

067 비용납부의 통지를 받은 수용자는 그 통지를 받은 날부터 7일 이내에 현금 또는 수입인지로 법무부장관, 지방교정청장 또는 (   )에게 납부하여야 한다.

068 (   )은 교정시설의 운영, 교도관의 복무, 수용자의 처우 및 인권실태 등을 파악하기 위하여 매년 1회 이상 교정시설을 순회점검하거나 소속 공무원으로 하여금 순회점검하게 하여야 한다.

069 판사와 검사 외의 사람은 교정시설을 참관하려면 학술연구 등 정당한 이유를 명시하여 (   )의 허가를 받아야 한다.

070 외국인에게 참관을 허가할 경우에는 (   )의 승인을 얻어야 한다.

071 소장은 형집행정지 중인 사람이 기간만료로 재수용된 경우에는 석방 당시와 동일한 처우등급을 부여하여야 한다.

해설 | 석방 당시와 동일한 처우등급을 부여할 수 있다.

구분	처우(시행규칙)
다른 교정시설로부터 이송되어 온 수형자	개별처우계획 변경 가능(제60조 제1항)
• 가석방의 취소로 재수용되어 잔형이 집행되는 경우 • 형집행정지 중에 있는 사람이「자유형 등에 관한 검찰집행사무규칙」제33조 제2항에 따른 형집행정지의 취소로 재수용된 경우	석방 당시보다 한 단계 낮은 처우등급 부여 (제60조 제3항·제4항 본문)
• 형집행정지 중에 있는 사람이 기간만료 또는 그 밖의 정지사유 소멸로 재수용된 경우 •「가석방자관리규정」제5조 단서(천재지변, 질병, 부득이한 사유로 출석의무 위반 시)를 위반하여 가석방이 취소되는 등 가석방 취소 사유에 특히 고려할 만한 사정이 있는 경우	석방 당시와 동일한 처우등급 부여 가능 (제60조 제2항·제3항 단서)
• 형집행정지 중이거나 가석방기간 중에 있는 사람이 형사사건으로 재수용되어 형이 확정된 경우 •「국제수형자이송법」에 따라 외국으로부터 이송되어 온 수형자 • 군사법원에서 징역형 또는 금고형이 확정되거나 그 형의 집행 중에 있는 사람이 이송되어 온 경우	개별처우계획 새로 수립 (제60조 제4항, 제61조 제1항·제2항)

072 교정시설의 장은 형집행정지 중이거나 가석방기간 중에 있는 사람이 형사사건으로 재수용되어 형이 확정된 경우에는 석방 당시와 동일한 처우등급을 부여한다.

해설 | 개별처우계획을 새로 수립하여야 한다.

073 소장은 군사법원에서 징역형 또는 금고형이 확정되거나 그 형의 집행 중에 있는 사람이 이송되어 온 경우에는 이전 교도소의 분류심사에 따라서 개별처우계획을 수립하여야 한다.

해설 | 개별처우계획을 새로 수립하여야 한다.

074 완화경비시설이란 수형자의 자율적 활동이 가능하도록 통상적인 설비 및 수형자에 대한 관리·감시를 일반경비시설보다 완화한 교정시설을 말한다.

▶ 교정시설 구분

개방시설	도주방지를 위한 통상적인 설비의 전부 또는 일부를 갖추지 아니하고 수형자의 자율적 활동이 가능하도록 통상적인 관리·감시의 전부 또는 일부를 하지 아니하는 교정시설

완화경비시설	도주방지를 위한 통상적인 설비 및 수형자에 대한 관리·감시를 일반경비시설보다 완화한 교정시설
일반경비시설	도주방지를 위한 통상적인 설비를 갖추고 수형자에 대하여 통상적인 관리·감시를 하는 교정시설
중(重)경비시설	도주방지 및 수형자 상호 간의 접촉을 차단하는 설비를 강화하고 수형자에 대한 관리·감시를 엄중히 하는 교정시설

075 (   )은 수형자에 대한 개별처우계획을 합리적으로 수립하고 조정하기 위하여 수형자의 인성, 행동특성 및 자질 등을 과학적으로 조사·측정·평가하여야 한다.

076 법무부장관은 분류심사를 전담하는 교정시설을 지정·운영하는 경우에는 (   )별로 1개소 이상이 되도록 하여야 한다.

077 분류심사 사항으로는 처우등급, 교육 및 교화프로그램 등의 처우방침, 거실 지정에 관한 사항, 이송에 관한 사항, 석방 후의 생활계획에 관한 사항이 포함된다.

078 신입심사는 매월 1일부터 말일까지 형집행지휘서가 접수된 수형자를 대상으로 하며, (   )까지 완료하여야 한다.

079 수형자가 집행유예의 실효 또는 추가사건으로 (   ) 이상의 형이 확정된 때 부정기 재심사를 할 수 있다.

080 형집행지휘서가 접수된 날로부터 6개월을 경과하고 형기의 3분의 2에 도달한 때 정기 재심사사유에 해당한다.

정답 | 061 소장 062 ✕ 063 ✕ 064 지방교정청장 065 2회 066 7일 067 소장 068 법무부장관 069 교정시설의 장 070 관할 지방교정청장 071 ✕ 072 ✕ 073 ✕ 074 ✕ 075 소장 076 지방교정청 077 ○ 078 그 다음 달 079 금고 080 ○

081 소장은 징역형·금고형이 확정된 사람으로서 집행할 형기가 형집행지휘서 접수일부터 (   ) 미만인 사람, 구류형이 확정된 사람에 대해서는 분류심사를 하지 아니한다.

해설 | 노역장 유치명령을 받은 사람은 분류심사 제외대상에서 삭제되었다. 따라서 노역장 유치명령을 받은 사람도 분류심사를 한다.

082 소장은 수형자의 집행할 형기가 분류심사 유예사유 소멸일로부터 3개월 미만인 경우에는 분류심사를 하지 아니할 수 있다.

해설 | 분류심사를 하지 아니한다.

083 수형자의 처우등급은 기본수용급, 경비처우급, 개별처우급으로 나뉜다.

▶ 형집행법 시행규칙상 처우등급

기본수용급 (제73조)	• 성별·국적·나이·형기 등에 따라 수용할 시설 및 구획 등을 구별하는 기준 • 여성수형자, 외국인수형자, 금고형수형자, 19세 미만의 소년수형자, 23세 미만의 청년수형자, 65세 이상의 노인수형자, 형기가 10년 이상인 장기수형자, 정신질환 또는 장애가 있는 수형자, 신체질환 또는 장애가 있는 수형자	
경비처우급 (제74조)	도주 등의 위험성에 따라 수용시설과 계호의 정도를 구별하고, 범죄성향의 진전과 개선 정도, 교정성적에 따라 처우수준을 구별하는 기준	
	개방처우급	• 개방시설에 수용되어 가장 높은 수준의 처우가 필요한 수형자 • 외부통근작업 및 개방지역작업 가능
	완화경비처우급	• 완화경비시설에 수용되어 통상적인 수준보다 높은 수준의 처우가 필요한 수형자 • 개방지역작업 및 필요시 외부통근작업 가능
	일반경비처우급	• 일반경비시설에 수용되어 통상적인 수준의 처우가 필요한 수형자 • 구내작업 및 필요시 개방지역작업 가능
	중(重)경비처우급	• 중경비시설에 수용되어 기본적인 처우가 필요한 수형자 • 필요시 구내작업 가능
개별처우급 (제76조)	• 수형자의 개별적인 특성에 따라 중점처우의 내용을 구별하는 기준 • 직업훈련, 학과교육, 생활지도, 작업지도, 운영지원작업, 의료처우, 자치처우, 개방처우, 집중처우	

084 기본적인 처우가 필요한 수형자는 (   )처우급에 해당한다.

085 원칙적으로 수형생활 태도 점수와 작업 또는 교육성적 점수를 채점하는 경우, 수는 소속 작업장 또는 교육장 전체 인원의 10퍼센트를 초과할 수 없고, 우는 (   )를 초과할 수 없다. 다만, 작업장 또는 교육장 전체 인원이 4명 이하인 경우에는 수·우를 각각 1명으로 채점할 수 있다.

086 경비처우급을 하향 조정하기 위하여 고려할 수 있는 평정소득점수의 기준은 5점 이하이다. 다만, 수용 및 처우를 위하여 특히 필요한 경우 (   )이 달리 정할 수 있다.

087 조정된 처우등급에 따른 처우는 그 조정이 확정된 다음 날부터 한다. 이 경우 조정된 처우등급은 조정이 확정된 날부터 적용된 것으로 본다.

해설 | 그 달 초일부터 적용된 것으로 본다.

088 소장은 수형자를 경비처우급별·(   )별로 구분하여 수용하여야 한다.

089 소장은 수형자의 경비처우급에 따라 물품에 차이를 두어 지급할 수 있으며, 의류를 지급하는 경우 수형자가 (   )인 경우에는 색상, 디자인 등을 다르게 할 수 있다.

090 소장은 다른 수형자의 모범이 되는 일반경비처우급 수형자를 봉사원으로 선정할 수 있다.

091 소장은 자치생활 수형자들이 교육실, 강당 등 적당한 장소에서 (   ) 이상 토론회를 할 수 있도록 하여야 한다.

092 (   )은 개방처우급·완화경비처우급 수형자에게 자치생활을 허가할 수 있다.

093 소장은 특히 필요한 경우 (   ) 수형자에게도 사회견학을 허가할 수 있다.

094 완화경비처우급 수형자이고, 형기는 2년이며 범죄횟수는 1회, 중간처우를 받는 날부터 가석방 예정일까지의 기간이 3개월인 자는 중간처우를 할 수 있는 자에 해당한다.

해설 | 위 중간처우대상자는 형기가 2년 이상이고, 범죄횟수가 3회 이하이며, 중간처우를 받는 날부터 가석방 또는 형기종료 예정일까지의 기간이 3개월 이상 2년 6개월 미만인 사람이다.

095 개방처우급 수형자이고, 형기는 3년이며, 범죄횟수는 1회, 중간처우를 받는 날부터 형기종료 예정일까지의 기간이 9개월인 자는 지역사회에 설치된 개방시설에 수용하여 중간처우를 할 수 있는 자에 해당한다.

> 해설 | 위 중간처우대상자는 형기가 2년 이상이고, 범죄횟수가 1회이며, 중간처우를 받는 날부터 가석방 또는 형기종료 예정일까지의 기간이 1년 6개월 미만인 사람이다.

096 개방처우급 또는 완화경비처우급으로서 작업기술이 탁월하고 작업성적이 우수한 경우, 교도작업에 지장을 주지 않는 범위에서 1일 (   ) 이내로 개인작업을 할 수 있다.

097 분류처우위원회의 회의는 재적위원 (   )의 출석으로 개의하고, 출석위원 과반수의 찬성으로 의결한다.

098 누진제에서 점수제는 일정한 기간이 경과되었을 때 행형성적을 심사하여 진급을 결정하는 방법으로 기간제라고도 하며, 진급과 가석방 심사의 구체적 타당성을 기대할 수 있으나, 진급이 교도관의 자의에 의해 좌우되기 쉽다.

> 해설 | 점수제가 아닌 고사제에 대한 설명이다.

099 누진계급(점수)의 측정방법인 잉글랜드제는 수형자를 최초 9개월의 독거구금 후 교도소에서 강제노동에 취업시키고, 수형자를 5계급으로 나누어 이들이 지정된 책임점수를 소각하면 상급으로 진급시키는 방법이다.

▶ 잉글랜드제와 아일랜드제 비교

구분	잉글랜드제	아일랜드제
창안자	마코노키	크로프톤
소득점수	매일 계산	매월 계산
처우단계	독거 → 혼거 → 가석방	독거 → 혼거 → 중간교도소 → 가석방
가석방 후 감시	경찰감시 ×	경찰감시 ○

100 소장은 수용자가 감염병에 걸렸다고 인정되는 경우에는 1주 이상 격리수용하고 그 수용자의 휴대품을 소독하여야 한다.

> 해설 | 감염병에 걸렸다고 의심되는 경우에 대한 설명이다. 감염병에 걸렸다고 인정되는 경우에는 즉시 격리수용하여야 한다.

101 처우상 독거수용이란 주간과 야간에는 일과에 따른 공동생활을 하게 하고, 휴업일에만 독거수용하는 것을 말한다.

해설 | 처우상 독거수용이란 주간에는 교육·작업 등의 처우를 위하여 일과(日課)에 따른 공동생활을 하게 하고 휴업일과 야간에만 독거수용하는 것을 말한다.

102 계호상 독거수용이란 사람의 생명·신체의 보호 또는 교정시설의 안전과 질서유지를 위하여 실외운동·목욕 시에도 예외 없이 독거수용하는 것을 말한다.

해설 | 계호(戒護)상 독거수용이란 사람의 생명·신체의 보호 또는 교정시설의 안전과 질서유지를 위하여 항상 독거수용하고 다른 수용자와의 접촉을 금지하는 것을 말한다. 다만, 수사·재판·실외운동·목욕·접견·진료 등을 위하여 필요한 경우에는 그러하지 아니하다

103 혼거수용 인원은 (   )으로 한다. 다만, 요양이나 그 밖의 부득이한 사정이 있는 경우에는 예외로 한다.

104 소장은 원칙적으로 노역장 유치명령을 받은 수형자와 구류형을 선고받아 형이 확정된 수형자를 혼거수용해서는 아니 된다.

105 소장은 신입자거실에 수용된 사람에게 교화를 위해 필요한 경우 작업을 부과할 수 있다.

해설 | 작업을 부과해서는 아니 된다.

106 소장은 신입자가 환자이거나 부득이한 사정이 있는 경우가 아니면 수용된 날부터 3일 동안, 신입자거실에 수용하여야 하며, 19세 미만의 신입자에 대하여는 그 수용기간을 (   )까지 연장할 수 있다.

107 소장은 수형자에게 작업을 부과하려면 죄명, 형기, 죄질, 성격, 범죄전력, 나이, 경력 및 수용생활 태도, 그 밖의 수형자의 개인적 특성을 고려하여야 한다.

해설 | 작업부과 시가 아닌 수용거실 지정 시 고려사항이다.

108 소장은 수용자거실 앞에 이름표를 붙이되, 이름표 윗부분에는 수용자번호 및 입소일을 적고, 그 아랫부분에는 수용자의 성명·출생연도·죄명·형명 및 형기를 적되 윗부분의 내용이 보이지 않도록 하여야 한다.

해설 | '이름표 윗부분에는 수용자의 성명·출생연도·죄명·형명(刑名) 및 형기(刑期)를 적고, 그 아랫부분에는 수용자번호 및 입소일을 적되'로 고쳐야 맞는 표현이다.

109 소장은 신입자 또는 다른 교정시설로부터 이송되어 온 사람이 있으면 수용자의 의사 여부와 관계없이 그 사실을 수용자의 가족에게 지체 없이 알려야 한다.

해설 | 수용자가 알리는 것을 원하지 아니하면 그러하지 아니하다.

110 소장은 수용자를 이송하는 경우에 의무관으로부터 수용자가 건강상 감당하기 어렵다는 보고를 받으면 이송을 중지하고 그 사실을 법무부장관에게 보고하여야 한다.

해설 | 법무부장관이 아닌 이송받을 소장에게 알려야 한다.

111 엄중관리대상자는 조직폭력수용자, 마약류수용자, (   )로 구분하며, 교정시설의 안전과 질서유지를 위하여 다른 수용자와의 접촉을 차단하거나 계호를 엄중히 하여야 하는 수용자를 말한다.

112 소장은 엄중관리대상자에게 작업을 부과하여서는 안 된다.

해설 | 소장은 엄중관리대상자에게 작업을 부과할 때에는 법 제59조 제3항에 따른 조사나 검사 등의 결과를 고려하여야 한다. 따라서 작업을 부과할 수 있다.

113 소장은 공범·피해자 등의 체포영장, 구속영장, 공소장 또는 재판서에 조직폭력사범으로 명시된 수용자에 대하여는 조직폭력수용자로 지정한다.

114 체포영장, 구속영장, 공소장 또는 재판서에 조직폭력사범으로 명시된 수용자는 분류처우위원회의 심의·의결에 따라 조직폭력수용자로 지정한다.

해설 | 분류처우위원회의 심의·의결이 아닌 소장이 직권으로 지정한다.

115 구속영장, 공소장 또는 재판서에 조직폭력사범으로 명시된 수용자는 교도관회의 또는 분류처우위원회의 심의·의결에 따라 조직폭력수용자로 지정한다.

해설 | 소장이 직권으로 조직폭력수용자로 지정한다.

116 조직폭력수용자 중 모범수용자는 봉사원이나 반장 등의 직책을 부여받을 수 있다.

해설 | 직책을 부여받을 수 없다.

117 소장은 마약류수용자로 지정된 수용자들에게 정기적으로 수용자의 소변을 채취하여 마약반응검사를 하여야 한다.

해설 | '정기적으로'가 아니라 '강제에 의하지 아니하는 범위에서'라고 해야 옳다.

118 마약류수용자에게는 본인이 원하는 경우 중독을 치료하기 위한 재활교육이 부과되어야 한다.

해설 | 소장은 마약류수용자가 마약류 근절(根絕)의지를 갖고 이를 실천할 수 있도록 해당 교정시설의 여건에 적합한 마약류수용자 재활교육계획을 수립하여 시행하여야 한다. 즉, 본인의 의사와는 상관없이 중독을 치료하기 위한 재활교육이 부과되어야 한다.

119 관심대상수용자의 지정기준에 해당하는 수용자는 분류처우위원회의 의결을 거쳐 지정하고, 예외적으로 (   )의 심의를 거쳐 지정할 수 있다.

120 검찰청 및 법원의 소환에 응하는 것은 (   )계호이다.

정답 | 101 × 102 × 103 3명 이상 104 ○ 105 × 106 30일 107 × 108 × 109 × 110 × 111 관심대상수용자 112 × 113 ○ 114 × 115 × 116 × 117 × 118 × 119 교도관회의 120 출정

---

121 소장은 수용자가 자살 또는 자해의 우려가 있는 때에는 의무관의 의견을 고려하여 보호실에 수용할 수 있다.

구분	보호실(제95조)	진정실(제96조)
정의	자살 및 자해방지 등의 설비를 갖춘 거실	일반 수용거실로부터 격리되어 있고 방음 설비 등을 갖춘 거실
수용요건	• 자살 또는 자해의 우려가 있는 때 • 신체적·정신적 질병으로 인하여 특별한 보호가 필요한 때	• 교정시설의 설비 또는 기구 등을 손괴하거나 손괴하려고 하는 때 • 교도관의 제지에도 불구하고 소란행위를 계속하여 다른 수용자의 평온한 수용생활을 방해하는 때

구분		보호실(제95조)	진정실(제96조)
의무관 의견	최초	○	×
	연장	○	○
기간	최초	15일 이내	24시간 이내
	연장	1회당 7일 이내	1회당 12시간 이내
	최대연장	3개월	3일
수용·연장사유 고지		○	○

122 의무관은 수용자가 자살 또는 자해의 우려가 있는 때에는 소장의 동의를 받아 보호실에 수용할 수 있다.

해설 | 보호실 수용은 소장의 권한이다. 소장은 의무관의 의견을 고려하여 보호실에 수용할 수 있다.

123 보호실 수용에 따른 기간연장은 1회당 7일로 하되, 계속하여 (   )을 초과할 수 없다.

124 소장은 수용자를 보호실 또는 진정실에 수용하거나 수용기간을 연장하는 경우에는 그 사유를 본인과 가족에게 알려 주어야 한다.

해설 | 본인에게만 알려 주어야 한다.

125 소장은 수용자를 진정실에 수용할 경우에는 의무관의 의견을 고려하여야 한다.

해설 | 보호실에 수용할 경우에 의무관의 의견을 고려하여야 한다.

126 소장은 수용자가 교정시설의 설비 또는 기구 등을 손괴하거나 손괴하려고 하는 때에는 보호장비를 사용하여 그 목적을 달성할 수 있는 경우에도 진정실에 수용할 수 있다.

해설 | 보호장비를 사용하여도 그 목적을 달성할 수 없는 경우에만 진정실에 수용할 수 있다.

127 진정실 수용에 따른 기간연장은 10시간 이내로 하되, 계속하여 3일을 초과할 수 없다.

해설 | 진정실 수용에 따른 기간연장은 1회당 12시간으로 하되, 계속하여 3일을 초과할 수 없다.

128 소장은 수용자를 진정실에 수용하거나 수용기간을 연장하는 경우에는 그 사유를 본인에게 알려 주어야 한다.

129 교도관이 (   )로 거실에 있는 수용자를 계호하는 것은 자살·자해·도주·폭행·손괴 그 밖에 수용자의 생명·신체를 해하거나 시설의 안전 또는 질서를 해하는 행위의 우려가 큰 때에만 할 수 있다.

130 교도관이 교정시설을 출입하는 수용자 외의 사람의 의류와 휴대품을 검사하는 경우에는 고정식 물품검색기를 통과하게 한 후, 휴대식 금속탐지기 또는 손으로 이를 확인해야 한다.

해설 | 고정식 물품검색기를 통과하게 하거나 휴대식 금속탐지기로 이를 확인한다.

131 교도관은 수용자가 정당한 사유 없이 작업이나 교육을 거부하는 경우에는 수갑, 포승 등의 보호장비를 사용할 수 있다.

해설 | 작업이나 교육을 거부하는 경우는 보호장비의 사용요건에 해당하지 않는다.

132 머리보호장비는 자살·자해의 우려가 큰 때에 사용할 수 있으며, 수용자가 임의로 해제하지 못하도록 다른 보호장비를 함께 사용할 수 있다.

해설 | 머리보호장비는 머리부분을 자해할 우려가 큰 때에 사용할 수 있다.

133 교도관은 수용자가 위력으로 교도관의 정당한 직무집행을 방해하는 때에는 수갑·포승을 사용할 수 있다.

134 수갑, 포승, 발목보호장비는 이송·출정, 그 밖에 교정시설 밖의 장소로 수용자를 호송하는 때 사용할 수 있다.

해설 | 발목보호장비는 사용할 수 없다.

135 보호의자는 계속해서 8시간을 사용할 수 있다. 수용자의 치료, 목욕, 식사 등으로 보호의자를 일시중지하는 시간은 포함되지 않는다.

해설 | 보호의자는 그 사용을 일시중지하거나 완화하는 경우를 포함하여 8시간을 초과하여 사용할 수 없으며, 사용중지 후 4시간이 경과하지 아니하면 다시 사용할 수 없다.

136 자살·자해의 우려가 커 보호침대 또는 보호복을 사용할 경우에는 다른 보호장비와 같이 사용할 수 없다.

해설 | 보호의자 또는 보호침대를 사용하는 경우에는 다른 보호장비와 같이 사용할 수 없다. 따라서 보호침대 또는 보호복을 사용할 경우에는 다른 보호장비와 같이 사용할 수 있다.

137 보호장비를 착용 중인 수용자는 특별한 사정이 없으면 (   ) 독거수용한다.

138 (   )은 교정시설의 보호장비 사용실태를 정기적으로 점검하여야 한다.

139 교도관은 수용자가 위계 또는 위력으로 교도관의 정당한 직무집행을 방해하는 때에 강제력을 행사할 수 있다.

해설 | 위계는 강제력의 행사요건이 아니다.

▶ 보호장비의 사용, 강제력의 행사 및 무기의 사용 요약

구분	보호장비의 사용	강제력의 행사	무기의 사용
요건	소장의 명령 및 사후보고(예외)		
보고	소장		소장·법무부장관
고지	사용사유 고지(예외 ×)	사전경고(예외 ○)	사전경고(예외 ×)
제한	• 필요한 최소한도 • 사유소멸 → 사용중단 • 징벌수단 → 사용불가	필요한 최소한도	• 필요한 최소한도 • 최후의 수단
제3자	규정 ×	사용 가능	

140 교도관은 수용자가 자살, 자해하려고 하는 때 가스총이나 가스분사기와 같은 보안장비로 강제력을 행사할 수 있다.

141 교도관은 교정시설 안에서 자기 또는 타인의 생명·신체를 보호하거나 수용자의 탈취를 저지하거나 건물 또는 그 밖의 시설과 무기에 대한 위험을 방지하기 위하여 급박하다고 인정되는 상당한 이유가 있으면 수용자 외의 사람에 대하여도 무기와 보호장비를 사용할 수 있다.

해설 | 수용자 외의 사람에 대한 무기의 사용요건이다. 따라서 보안장비와는 상관없다.

142 교도관은 수용자가 다른 사람에게 위해를 끼치거나 끼치려고 하는 때에는 무기를 사용할 수 있다.

해설 | 중대한 위해를 끼치거나 끼치려고 하여 그 사태가 위급한 때에 무기를 사용할 수 있다

143 범죄의 증거를 인멸할 우려가 있는 때에 소장은 외부에 있는 사람과 접견을 허용하지 않을 수 있다.

해설 | 증거인멸 우려는 접견의 제한사유가 아닌 중지사유이다.

144 소장은 수용자가 미성년자인 자녀와 접견하는 경우에는 차단시설이 없는 장소에서 접견하게 하여야 한다.

해설 | 접견하게 할 수 있다.

145 일반경비처우급 수형자의 접견횟수는 월 (   )이다.

146 수형자가 가족만남의 날 행사에 참여하거나 가족만남의 집을 이용하는 경우 「형의 집행 및 수용자의 처우에 관한 법률 시행규칙」 제87조에서 정한 접견 허용횟수에 포함된다.

해설 | 포함되지 아니한다.

147 범죄의 증거를 인멸하거나 형사법령에 저촉되는 행위를 할 우려가 있는 때에 해당하면 소장은 교도관으로 하여금 수용자의 접견내용을 청취·기록·녹음 또는 녹화할 수 있다.

148 접견의 횟수·시간·장소·방법 및 접견내용의 청취·기록·녹음·녹화 등에 관하여 필요한 사항은 (   )으로 정한다.

149 변호인과의 접견일 때에는 교도관은 입회할 수 없으며, 변호인에게 면담요지를 기록하게 하여야 한다.

해설 | 변호인에게 면담요지를 기록하게 하여야 한다는 규정은 없다.

150 교도관은 접견 중인 수용자 또는 그 상대방이 수용자의 처우 또는 교정시설의 운영에 관하여 거짓사실을 유포하는 때에는 접견을 중지할 수 있다.

151 접견 중인 수용자가 현금, 수표를 주고받으려고 하는 때에 교도관은 접견을 중지할 수 있다.

152 처우등급이 중(重)경비시설 수용대상인 수형자가 변호인 외의 자에게 편지를 보내려는 경우, 법령에 따라 금지된 물품이 들어 있는지 확인을 위하여 필요한 경우에는 편지를 봉함하지 않은 상태로 제출하게 할 수 있다.

153 소장은 수용자가 규율을 위반하여 조사 중이란 이유로 그의 편지수수를 제한하거나 편지내용을 검열하여서는 아니 된다.

해설 | 소장은 규율위반으로 조사 중이거나 징벌집행 중인 수용자가 다른 수용자와 편지를 주고받는 때에는 그 내용을 검열할 수 있다.

154 소장은 수용자가 주고받는 편지에 법령에 따라 금지된 물품이 들어 있는지 확인할 수 있으며, 확인한 결과 법령으로 금지된 물품이 들어 있으면 편지의 내용과 상관없이 발신 또는 수신을 금지할 수 있다.

155 소장은 「형의 집행 및 수용자의 처우에 관한 법률」에 의하여 발신 또는 수신이 금지된 편지는 수용자에게 그 사유를 알린 후 즉시 폐기하여야 한다.

해설 | 그 구체적인 사유를 서면으로 작성하여 관리하고, 수용자에게 그 사유를 알린 후 교정시설에 보관한다.

156 편지를 폐기하는 경우, 당해 수용자의 동의를 얻을 필요는 없다.

해설 | 수용자가 동의하면 폐기할 수 있다.

157 전화통화내용의 청취·녹음에 관하여 필요한 사항은 (   )으로 정한다.

158 수용자는 소장의 허가를 받아 외부사람과 전화통화를 할 수 있으며, 통화시간은 특별한 사정이 없으면 (   ) 이내로 한다.

▶ **처우등급별 횟수 차등**
① 접견
  • 개방처우급 : 1일 1회
  • 완화경비처우급 : 매월 6회
  • 일반경비처우급 : 매월 5회
  • 중경비처우급 : 매월 4회
② 전화통화 허용횟수
  • 개방처우급 : 매월 20회 이내
  • 완화경비처우급 : 매월 10회 이내
  • 일반경비처우급 : 매월 5회 이내
  • 중경비처우급 : 처우상 특히 필요한 경우에 월 2회 이내
③ 물품지급 : 경비처우급에 따라 물품에 차이를 두고 지급 가능(다만, 식량·음료 등 건강유지에 필요한 물품은 제외)

159 소장은 사형확정자의 심리적 안정과 원만한 수용생활을 위하여 월 (   ) 이내의 범위에서 전화통화를 허가하여야 한다.

160 교도관은 전화통화 중인 수용자가 교정시설의 운용에 관하여 거짓사실을 유포하는 때에는 전화통화를 (   )할 수 있다.

정답 | 141 × 142 × 143 × 144 × 145 5회 146 × 147 ○ 148 대통령령 149 × 150 ○
151 ○ 152 ○ 153 × 154 ○ 155 × 156 × 157 법무부령 158 3분 159 3회 160 중지

161 소장은 전화통화 허가 후 수용자가 형사법령에 저촉되는 행위를 할 우려가 있을 때에는 전화통화의 허가를 (   )할 수 있다.

162 소장은 해당 교정시설의 직전 분기 평균 급식인원을 기준으로 (   )분의 주식을 항상 확보하고 있어야 한다.

163 수용자에게 지급하는 음식물의 총열량은 1명당 1일 (   )킬로칼로리를 기준으로 한다.

164 소장은 작업시간을 (   ) 이상 연장하는 경우에는 수용자에게 주·부식을 간식으로 지급할 수 있다.

165 보관하는 데 있어 부적당한 물건이라도 수용자의 동의 없이는 폐기하지 못한다.

해설 │ 상당한 기간 내에 처분하지 아니하면 수용자의 동의 없이도 폐기할 수 있다.

166 소장은 수용자 이외의 사람의 신청에 따라 수용자에게 교부를 허가한 물품은 교도관으로 하여금 검사하게 할 필요가 없으나, 그 물품이 의약품인 경우에는 의무관으로 하여금 검사하게 해야 한다.

해설 │ 소장은 수용자 이외의 사람의 신청에 따라 건네줄 것을 허가한 물품은 검사할 필요가 없다고 인정되는 경우가 아니면 교도관으로 하여금 검사하게 해야 한다. 이 경우 그 물품이 의약품인 경우에는 의무관으로 하여금 검사하게 해야 한다.

167 소장은 사망자가 남겨둔 금품이 있어 그 상속인에게 그 내용 및 청구절차 등을 알려 주었으나, 그 알림을 받은 날부터 (   )이 지나도 청구가 없으면 그 금품은 국고에 귀속된다.

168 사망자의 유류금품은 상속인에게 내어주어야 한다.

해설 │ 청구하면 지체 없이 내어주어야 한다.

169 보관금품은 석방할 때에 본인의 청구에 의하여 환부한다.

해설 │ 본인의 청구가 없더라도 환부한다.

170 겨울 온수목욕으로 인해 실외운동을 할 시간이나 계호인원이 부족할 때 실외운동을 실시하지 아니할 수 있다.

해설 │ 소장은 작업의 특성상 실외운동이 필요 없다고 인정되거나, 질병 등으로 실외운동이 수용자의 건강에 해롭다고 인정되거나, 우천, 수사, 재판, 그 밖의 부득이한 사정으로 실외운동을 하기 어려운 때에는 실외운동을 실시하지 아니할 수 있다.

171 소장은 수용자가 임신 중이거나 출산(유산·사산은 제외한다)한 경우에는 모성보호 및 건강 유지를 위하여 정기적인 검진 등 적절한 조치를 하여야 한다.

해설 │ 유산·사산을 포함한다.

172 소장은 유아의 양육을 허가하지 아니하는 경우에는 유아보호에 적당하다고 인정하는 법인 또는 개인에게 그 유아를 보내야 한다. 다만, 적당한 법인 또는 개인이 없는 경우에는 그 유아를 해당 교정시설의 소재지를 관할하는 시장·군수 또는 구청장에게 보내서 보호하게 할 수 있다.

해설 │ 소장은 유아의 양육을 허가하지 아니하는 경우에는 수용자의 의사를 고려하여 유아보호에 적당하다고 인정하는 법인 또는 개인에게 그 유아를 보낼 수 있다. 다만, 적당한 법인 또는 개인이 없는 경우에는 그 유아를 해당 교정시설의 소재지를 관할하는 시장·군수 또는 구청장에게 보내서 보호하게 하여야 한다.

173 노인수형자 전담교정시설에는 별도의 (   )을 마련하고 노인이 선호하는 오락용품 등을 갖춰 두어야 한다.

174 노인수용자의 거실은 시설부족 또는 그 밖의 부득이한 사정이 없으면 건물의 1층에 설치하고, 특히 겨울철 난방을 위하여 필요한 시설을 갖출 수 있다.

해설 │ 갖추어야 한다.

175 노인수형자를 수용하고 있는 시설의 장은 노인문제에 관한 지식과 경험이 풍부한 외부전문가를 초빙하여 교육하게 하는 등 노인수형자의 교육받을 기회를 확대하고, 노인전문오락, 그 밖에 노인의 특성에 알맞은 교화프로그램을 개발·시행하여야 한다.

해설 | '노인수형자 전담교정시설의 장'으로 고쳐야 맞는 표현이다.

176 소장은 노인수용자가 직업을 원하는 경우에는 나이·건강상태 등을 고려하여 해당 수용자가 감당할 수 있는 정도의 작업을 부과한다. 이 경우 담당 (   )의 의견을 들어야 한다.

177 장애인수형자 전담교정시설의 장은 장애인의 재활에 관한 전문적인 지식을 가진 의료진과 장비를 갖추어야 한다.

해설 | 갖추도록 노력하여야 한다.

178 법무부장관은 외국인의 특성에 알맞은 교화프로그램 등을 개발하여 시행해야 한다.

해설 | 법무부장관이 아닌 외국인수형자 전담교정시설의 장이다.

179 외국인수용자 전담요원은 외국인 미결수용자에게 소송진행에 필요한 법률지식을 제공하는 조력을 하여야 한다.

180 소장은 외국인수용자의 수용거실을 지정하는 경우에는 반드시 분리수용하도록 하고, 그 생활양식을 고려하여 필요한 설비를 제공하여야 한다.

해설 | 소장은 외국인수용자의 수용거실을 지정하는 경우에는 종교 또는 생활관습이 다르거나 민족감정 등으로 인하여 분쟁의 소지가 있는 외국인수용자는 거실을 분리하여 수용하여야 하며, 그 생활양식을 고려하여 필요한 수용설비를 제공하도록 노력하여야 한다.

정답 | 161 취소 162 1개월 163 2500 164 3시간 165 × 166 × 167 1년 168 × 169 × 170 × 171 × 172 × 173 공동휴게실 174 × 175 × 176 의무관 177 × 178 × 179 ○ 180 ×

181 소장은 외국인수용자의 수용거실을 지정하는 경우에는 종교 또는 생활습관이 다르거나
(   ) 등으로 인하여 분쟁의 소지가 있는 외국인수용자는 거실을 분리하여 수용하여
야 한다.

182 외국인수용자에게 지급되는 부식의 지급기준은 (   )이 정한다.

183 소장은 외국인수용자가 질병 등으로 사망한 경우에는 관할 출입국관리사무소, 그의 국적이
나 시민권이 속하는 나라의 외교공관 또는 영사관의 장이나 그 관원 및 가족에게 즉시 알려
야 한다.

해설 | 관할 출입국관리사무소는 규정되어 있지 않다.

184 소년수형자 전담교정시설이 아닌 교정시설에서는 소년수용자를 수용하기 위하여 별도의 거
실을 지정하여 운용하여야 한다.

해설 | 운용할 수 있다.

185 현행법상 미결수용자는 무죄추정의 원칙에 따라 수형자와는 다른 기준에 의하여 징벌이 부
과된다.

해설 | 현행법상 징벌대상은 수용자이므로 미결수용자에게도 동일한 기준에 의하여 징벌이 부과된다.

186 징벌대상행위에 대하여 조사할 수 있는 최대기간은 (   )이다.

187 징벌조사 시 일시정지된 조사기간은 그 사유가 해소된 때부터 다시 진행한다. 이 경우 조사
가 정지된 날부터 정지사유가 소멸한 날까지의 기간은 조사기간에 포함되지 아니한다.

해설 | 조사가 정지된 다음 날부터 정지사유가 소멸한 전날까지의 기간은 조사기간에 포함되지 아니
한다.

188 징벌위원회는 소장의 자문기구가 아닌 징벌을 심의·의결하는 기구이고, 위원장은 소장이 아
닌 소장의 바로 다음 순위자가 되며, 외부위원은 (   ) 이상으로 한다.

189 현행법상 징벌의 종류는 (   )로 정하고 있다.

형집행법 제108조(징벌의 종류) 징벌의 종류는 다음 각 호와 같다.

1. 경고(훈계 ×)
2. 50시간 이내의 근로봉사
3. 3개월 이내의 작업장려금 삭감(전부삭감 ×)
4. 30일 이내의 공동행사 참가정지
5. 30일 이내의 신문열람 제한(도서열람 ×)
6. 30일 이내의 텔레비전 시청제한(라디오 ×)
7. 30일 이내의 자비구매물품(의사가 치료를 위하여 처방한 의약품을 제외한다) 사용제한
8. 30일 이내의 작업정지(신청에 따른 작업에 한정한다)
9. 30일 이내의 전화통화 제한
10. 30일 이내의 집필제한
11. 30일 이내의 편지수수 제한
12. 30일 이내의 접견제한
13. 30일 이내의 실외운동 정지
14. 30일 이내의 금치(禁置)

190 30일 이내의 접견제한과 30일 이내의 실외운동 정지는 함께 부과할 수 있다.

191 50시간 이내의 근로봉사와 30일 이내의 작업정지는 함께 부과할 수 있다.

해설 | 함께 부과할 수 없다.

192 징벌집행이 끝난 후 6개월 내에 다시 징벌사유에 해당하는 행위를 한 미결수용자 B에게 45일의 금치를 부과할 수 있다.

193 징벌사유가 발생한 날로부터 (   )이 지나면 이를 이유로 징벌을 부과하지 못한다.

194 다른 수용자의 징벌대상행위를 방조(幇助)한 수용자에게는 그 징벌대상행위를 한 수용자에게 부과되는 징벌과 같은 징벌을 부과하되, 2분의 1로 감경한다.

해설 | 그 정황을 고려하여 2분의 1까지 감경할 수 있다.

195 둘 이상의 징벌대상행위가 경합하는 경우에는 각각의 행위에 해당하는 징벌을 모두 부과한다.

해설 | 각각의 행위에 해당하는 징벌 중 가장 중한 징벌의 2분의 1까지 가중할 수 있다.

196 금치와 그 밖의 징벌을 집행할 경우에는 금치를 우선하여 집행하고, 같은 종류의 징벌은 그 기간이 긴 것부터 집행한다.

197 소장은 징벌집행을 받고 있거나 집행을 앞둔 수용자가 같은 행위로 형사법률에 따른 처벌이 확정되어 징벌을 집행할 필요가 없다고 인정하면 징벌위원회의 의결을 거쳐 징벌집행을 감경하거나 면제할 수 있다.

해설 | 징벌위원회의 의결을 요하지 않는다.

198 금치의 집행 중인 자를 다른 교정시설에 이송하는 경우에는 이송되는 당일에 징벌의 집행을 정지하여야 한다.

해설 | 징벌집행이 계속되는 것으로 본다.

199 징벌집행 중인 자가 뉘우치는 빛이 뚜렷하면 즉시 그 징벌을 면제한다.

해설 | 징벌집행을 면제할 수 있다.

200 소장은 징벌집행의 유예기간 중에 있는 수용자가 다시 징벌대상행위를 하면 그 유예한 징벌을 집행한다.

해설 | 다시 징벌대상행위를 하여 징벌이 결정되면 그 유예한 징벌을 집행한다.

정답 | 181 민족감정 182 법무부장관 183 ✕ 184 ✕ 185 ✕ 186 17일 187 ✕ 188 3명 189 법률 190 ○ 191 ✕ 192 ○ 193 2년 194 ✕ 195 ✕ 196 ○ 197 ✕ 198 ✕ 199 ✕ 200 ✕

201 징벌위원회에서 수용자에 대하여 징벌이 의결되더라도 행위의 동기 및 정황, 교정성적, 뉘우치는 정도 등 그 사정을 고려할 만한 사유가 있는 수용자에 대하여 교도소장은 2개월 이상 6개월 이하의 기간 내에서 징벌의 집행을 유예할 수 있다.

해설 | 교도소장이 아닌 징벌위원회의 권한이다.

202 현행법상 징벌의 집행유예는 있으나 인정하고 있지 않다.

형집행법 시행규칙 제234조(징벌의 실효) ① 법 제115조 제1항에서 "법무부령으로 정하는 기간"이란 다음 각 호와 같다.

1. 제215조 제1호부터 제4호까지의 징벌 중 금치의 경우에는 다음 각 목의 기간
   가. 21일 이상 30일 이하의 금치 : 2년 6개월
   나. 16일 이상 20일 이하의 금치 : 2년
   다. 10일 이상 15일 이하의 금치 : 1년 6개월
   라. 9일 이하의 금치 : 1년
2. 제215조 제2호에 해당하는 금치 외의 징벌 : 2년
3. 제215조 제3호에 해당하는 금치 외의 징벌 : 1년 6개월
4. 제215조 제4호에 해당하는 금치 외의 징벌 : 1년
5. 제215조 제5호에 해당하는 징벌 : 6개월

② 소장은 법 제115조 제1항·제2항에 따라 징벌을 실효시킬 필요가 있으면 징벌실효기간이 지나거나 분류처우위원회의 의결을 거친 후에 지체 없이 법무부장관에게 그 승인을 신청하여야 한다.

③ 소장은 법 제115조에 따라 실효된 징벌을 이유로 그 수용자에게 처우상 불이익을 주어서는 아니된다.

203 소장은 10일의 금지처분을 받은 수용자가 징벌의 집행이 종료된 후 교정성적이 양호하고 1년 6개월 동안 징벌을 받지 아니하면 (   )의 승인을 받아 징벌을 실효시킬 수 있다.

204 9일 이하의 금치, 1개월의 작업장려금 삭감, 30일 이내의 실외운동 및 공동행사 참가정지는 징벌실효기간이 (   )으로 동일하다.

205 (   )은「교육기본법」제8조의 의무교육을 받지 못한 수형자의 교육을 위하여 필요하면 수형자를 중간처우를 위한 전담교정시설에 수용하여 외부 교육기관에의 통학, 외부 교육기관에서의 위탁교육을 받도록 할 수 있다.

206 교육과정·외부통학·위탁교육 등에 관하여 필요한 사항은 (   )으로 정한다.

207 소장은 수형자에게 학위취득 기회를 부여하기 위하여 독학에 의한 학사학위 취득과정을 설치·운영할 수 있다. 이 교육을 실시하는 경우 소요되는 비용은 특별한 사정이 없으면 국가의 부담으로 한다.

해설 | 교육대상자의 부담으로 한다.

208 집행할 형기가 이송사유가 발생한 날로부터 (　　　　) 이내인 때에는 소속기관으로 이송하지 않거나 다른 기관으로 이송할 수 있다.

209 방송통신대학과정에 지원할 수 있는 수형자는 개방처우급, 완화경비처우급, 일반경비처우급 수형자이다.

210 소장은 외국어 교육대상자가 교육실 외에서의 어학학습장비를 이용한 외국어학습을 원하는 경우에는 계호 수준, 독거 여부, 교육 정도 등에 대한 (　　　　)를 거쳐 허가할 수 있다.

211 (　　　　)은 교도소에서의 일체의 시설, 기계, 재료, 노무 및 경비 등을 부담하여 물건 및 자재를 생산·판매하는 작업으로서 수형자의 기술습득 면에서는 유리하지만, 제품의 판매가 부진할 경우 문제가 된다.

212 위탁작업은 업종이 다양하지 못하여 직업훈련에 부적합하다.

213 노무작업은 사인의 간섭과 외부부정의 개입가능성이 없다.

해설 | 개입가능성이 크다.

214 외부통근작업 대상자의 선정기준 등에 관하여 필요한 사항은 (　　　　)으로 정한다.

215 외부통근자는 18세 이상 65세 이하의 수형자 중에서만 선정하여야 한다.

해설 | 18세 이상 65세 미만이어야 한다.

216 교정시설 밖에 설치된 외부기업체의 작업장에 통근하며 작업하는 수형자는 소정의 요건을 갖춘 수형자 중에서 집행할 형기가 10년 미만이거나 형기기산일부터 10년 이상이 지난 수형자 중에서 선정한다.

해설 | 교정시설 안에 설치된 외부기업체의 작업장에 통근하며 작업하는 수형자에 대한 내용이다.

217 소장은 교도관에게 매월 수형자의 작업실적을 확인하게 하여야 한다.

해설 | 매월이 아닌 매일이다.

218 '집중적인 근로가 필요한 작업'이란 수형자의 신청에 따라 1일 작업시간 중 접견·전화통화·교육 및 공동행사 참가 등을 하지 아니하고 휴게시간을 포함한 작업시간 내내 하는 작업을 말한다.

해설 | 휴게시간을 제외한 작업시간 내내 하는 작업을 말한다.

219 소장은 수형자의 가족 또는 배우자의 직계존속이 사망하면 2일간, 수형자의 가족 또는 배우자의 직계존속의 제삿날에는 1일간 해당 수형자의 작업을 면제한다.

해설 | 수형자의 부모 또는 배우자의 제삿날에 한한다.

220 (   )은 수형자가 작업 중 부상을 당하거나 장애인이 된 때 또는 사망한 때에는 그 정상을 참작하여 법무부장관이 정하는 바에 의하여 위로금 또는 조위금을 지급한다.

정답 | 201 × 202 ○ 203 법무부장관 204 1년 205 소장 206 법무부령 207 × 208 3개월 209 ○ 210 교도관회의 211 직영작업 212 ○ 213 × 214 법무부령 215 × 216 × 217 × 218 × 219 × 220 소장

221 위로금은 본인의 가족생활 부조, 교화 또는 건전한 사회복귀를 위하여 특히 필요하면 석방 전이라도 그 전부 또는 일부를 지급할 수 있다.

해설 | 위로금이 아닌 작업장려금에 대한 설명이다.

222 수형자에 대한 작업장려금은 (   )이 정한다.

223 작업장려금은 본인이 신청하면 석방 전이라도 그 전부 또는 일부를 지급하여야 한다.

해설 | 지급할 수 있다.

224 직업훈련 대상자의 선정기준 등에 관하여 필요한 사항은 (   )으로 정한다.

225 소장은 수형자가 개방처우급 또는 완화경비처우급, 일반경비처우급으로서 직업능력 향상을 위하여 특히 필요한 경우에는 교정시설 외부의 공공기관 또는 기업체 등에서 운영하는 직업 훈련을 받게 할 수 있다.

해설 | 일반경비처우급은 외부 직업훈련 대상자가 아니다.

226 직업훈련의 직종선정 및 훈련과정별 인원은 지방교정청장의 승인을 받아 교정시설의 장이 정한다.

해설 | 법무부장관의 승인을 받아 소장이 정한다.

227 직업훈련 전담교정시설에서 실시하는 집체직업훈련 대상자는 해당 훈련을 실시하는 교정시 설의 관할 (   )이 선정한다.

228 15세 미만의 소년수형자의 경우라도 선도를 위해 필요하다면 직업훈련 대상자로 선정하여 교육할 수 있다.

해설 | 선정하여서는 아니 된다.

229 미결수용자를 수용하는 시설의 설비 및 계호의 정도는 일반경비시설 또는 완화경비시설에 준한다.

해설 | 일반경비시설에 준한다.

230 미결수용자가 수용된 거실은 시찰할 수 없다.

해설 | 미결수용자가 수용된 거실은 참관할 수 없다. 따라서 시찰은 가능하다.

231 소장은 미결수용자로서 사건에 서로 관련이 있는 사람은 분리수용하고, 서로 간의 접촉을 금지하여야 하며, 만약 미결수용자를 이송, 출정 또는 그 밖의 사유로 교정시설 밖으로 호송하는 경우에는 반드시 해당 사건에 관련된 사람이 탑승한 호송차량이 아닌 별도의 호송차량에 탑승시켜야 한다.

해설 | 해당 사건에 관련된 사람과 호송차량의 좌석을 분리하는 등의 방법으로 서로 접촉하지 못하게 하여야 한다.

232 미결수용자가 재판·국정감사에 참석할 때에는 사복을 착용할 수 있으나, 교정시설에서 지급하는 의류는 수용자가 희망하거나 동의하는 경우에만 입게 할 수 있다.

해설 | 소장은 도주우려가 크거나 특히 부적당한 사유가 있다고 인정하면 교정시설에서 지급하는 의류를 입게 할 수 있다.

233 미결수용자가 변호인과 주고받는 편지는 마약 등 소지금지품이 포함되어 있는 경우가 아니면 검열을 할 수 없다.

해설 | 미결수용자와 변호인 간의 편지는 교정시설에서 상대방이 변호인임을 확인할 수 없는 경우를 제외하고는 검열할 수 없다.

234 미결수용자가 징벌대상자로서 조사받고 있거나 징벌집행 중인 경우에는 소송서류의 작성 등 수사과정에서의 권리행사가 제한된다.

해설 | 소장은 미결수용자가 징벌대상자로서 조사받고 있거나 징벌집행 중인 경우에도 소송서류의 작성, 변호인과의 접견·편지수수, 그 밖의 수사 및 재판과정에서의 권리행사를 보장하여야 한다.

235 소장은 미결수용자에 대하여는 직권 또는 신청에 따라 교육 또는 교화프로그램을 실시하거나 작업을 부과할 수 있다.

해설 | 소장의 직권은 규정되어 있지 않다.

236 소장은 미결수용자의 신청에 따라 작업을 부과하는 경우, 교정시설 밖에서 작업하게 할 수 있다.

해설 | 교정시설 밖에서 행하는 것은 포함하지 아니한다.

237 경찰서 유치장은 구치소나 교도소의 미결수용실과 다르므로 「형의 집행 및 수용자의 처우에 관한 법률」이 준용되지 않는다.

해설 | 경찰관서에 설치된 유치장은 교정시설의 미결수용실로 보아 이 법을 준용한다.

238 교정시설의 장은 미결수용자가 도주하거나 도주한 미결수용자를 체포한 경우에는 그 사실을 경찰관서에 통보하고, 기소된 상태인 경우에는 검사에게 지체 없이 통보하여야 한다.

해설 | 소장은 미결수용자가 도주하거나 도주한 미결수용자를 체포한 경우에는 그 사실을 검사에게 통보하고, 기소된 상태인 경우에는 법원에도 지체 없이 통보하여야 한다.

239 소장은 직계비속의 혼례가 있는 때에는 수형자에 대하여 (   ) 이내의 특별귀휴를 허가할 수 있다.

240 소년수형자에 대해서는 사회적응의 기회를 주어야 할 필요성이 훨씬 크므로 귀휴의 요건을 별도로 정하고 있다.

해설 | 별도로 정하고 있지 않다.

정답 | 221 × 222 법무부장관 223 × 224 법무부령 225 × 226 × 227 지방교정청장 228 × 229 × 230 × 231 × 232 × 233 × 234 × 235 × 236 × 237 × 238 × 239 5일 240 ×

241 교정시설의 장은 6개월 이상 형을 집행받은 수형자로서 그 형기의 3분의 1이 지나고 교정성적이 우수한 사람의 가족 또는 배우자의 직계존속이 질병이나 사고로 위독한 때에는 형기 중 20일 이내의 귀휴를 허가할 수 있다.

해설 | 1년 중 20일 이내의 귀휴를 허가할 수 있다.

242 소장은 수형자의 가족 또는 수형자 배우자의 직계존속이 사망하거나 위독한 때에는 수형자에게 5일 이내의 특별귀휴를 허가할 수 있다.

해설 | 가족 또는 배우자의 직계존속이 위독한 때는 일반귀휴 허가사유이고, 사망한 때는 특별귀휴
      허가사유이다.

243 중(重)경비처우급 수형자의 직계비속의 혼례가 있는 때에는 5일 이내의 특별귀휴를 허가할
수 있다.

244 소장은 귀휴를 허가하는 경우에 (   )으로 정하는 바에 따라 거소의 제한이나 그 밖에
필요한 조건을 붙일 수 있다.

245 소장이 특별귀휴를 허가하는 경우에도 귀휴심사위원회의 심사를 요한다.

246 6개월 이상 복역한 수형자로서 그 형기의 3분의 1을 경과한 개방처우급·완화경비처우급 수
형자가 원칙적으로 일반귀휴 대상자가 되고 교화를 위해 특히 필요한 경우에는 일반경비처
우급 수형자에게도 귀휴를 허가할 수 있다.

247 귀휴허가에 관한 형기의 계산은 부정기형의 경우 (   )를 기준으로 한다.

248 귀휴심사위원회의 위원장은 소장의 바로 다음 순위자가 되고, 위원은 소장이 소속 기관의
과장(지소의 경우에는 7급 이상의 교도관) 및 교정에 관한 학식과 경험이 풍부한 외부인사
중에서 임명 또는 위촉한다.

해설 | 징벌위원회에 대한 설명이다. 귀휴심사위원회는 위원장을 포함한 6명 이상 8명 이하의 위원
      으로 구성하고, 위원장은 소장이 되며, 위원은 소장이 소속기관의 부소장·과장(지소의 경우
      에는 7급 이상의 교도관) 및 교정에 관한 학식과 경험이 풍부한 외부인사 중에서 임명 또는
      위촉한다. 이 경우 외부위원은 2명 이상으로 한다.

249 귀휴심사위원회는 위원장을 포함한 6명 이상 8명 이하의 위원으로 구성되며, 이 경우 외부
위원은 (   ) 이상으로 한다.

250 소장은 2일 이상의 귀휴를 허가한 경우, 귀휴자의 귀휴지를 관할하는 보호관찰소의 장에게 그 사실을 통보하여야 한다.

해설 | 귀휴자의 귀휴지를 관할하는 경찰관서의 장에게 그 사실을 통보하여야 한다.

251 소장은 귀휴자가 신청할 경우 작업장려금의 일부를 귀휴비용으로 사용하게 할 수 있으나, 작업장려금의 전부를 사용하게 하여서는 아니 된다.

해설 | 소장은 귀휴자가 신청할 경우 작업장려금의 전부 또는 일부를 귀휴비용으로 사용하게 할 수 있다.

252 사법형 외부통근제는 수용으로 인한 실업의 위험을 해소할 수 있다는 장점이 있다.

253 행정형 외부통근제의 경우, 장기수형자의 사회적 접촉기회를 제공하여 성공적인 사회복귀를 도모할 수 있다.

254 중간처벌은 보호관찰의 다양한 활용과 구금형의 무용론이 대두되면서 새로운 처벌제도로서 논의가 활발하게 이루어졌다.

해설 | 중간처벌은 보호관찰의 무용론과 구금형의 유용론이 대두되면서 새로운 처벌제도로서 논의가 활발하게 이루어졌다.

255 집중감독보호관찰은 대상자의 자발적 동의와 참여하에 단기간 구금 후 석방하여 집중적으로 감시하는 사회 내 처우이다.

해설 | 집중감시(감독)보호관찰은 대상자의 자발적 동의와 참여를 요하지 않는다.

256 집중감독보호관찰은 구금과 일반적인 보호관찰에 대한 대체방안으로서 대상자와의 접촉을 늘려 세밀한 감독을 한다.

257 충격구금은 보호관찰의 집행 중에 실시하는 것으로, 일시적인 구금을 통한 고통의 경험이 미래 범죄행위에 대한 억지력을 발휘할 것이라는 가정을 전제로 한다.

해설 | '보호관찰의 집행에 앞서 실시하는 것'으로 고쳐야 맞는 표현이다.

258 가석방은 특별예방보다는 일반예방을 중시하는 제도이다.

해설 | 일반예방보다는 특별예방을 중시하는 제도이다.

259 수형자에게는 가석방청구권이 없고, 가석방은 사법처분의 일환으로 공정성을 증대시킬 수 있다.

해설 | 행정처분의 일환으로 재량권 남용을 우려시킬 수 있다.

260 징역 또는 금고의 집행 중에 있는 사람이 그 행상이 양호하여 뉘우침이 뚜렷한 때에는 무기형은 10년, 유기형은 형기의 2분의 1이 지난 후 행정처분으로 가석방을 할 수 있다.

해설 | 무기형은 20년, 유기형은 형기의 3분의 1이 지난 후 행정처분으로 가석방을 할 수 있다.

정답 | 241 ✕ 242 ✕ 243 ○ 244 법무부령 245 ○ 246 ○ 247 단기 248 ✕ 249 2명 250 ✕ 251 ✕ 252 ○ 253 ○ 254 ✕ 255 ✕ 256 ○ 257 ✕ 258 ✕ 259 ✕ 260 ✕

---

261 성인인 甲은 15년의 유기징역을 선고받고 6년을 경과하였으며, 병과하여 받은 벌금의 3분의 2를 납입하였다. 甲은 가석방의 대상이 될 수 있다.

해설 | 유기형의 3분의 1인 5년을 경과하였으나 벌금을 완납하지 못하였으므로 가석방의 대상이 될 수 없다.

262 무기징역을 선고받은 소년은 (   ), 15년 유기징역형을 선고받은 소년은 3년이 각각 지나야만 가석방을 허가할 수 있다.

263 단기 3년, 장기 6년의 징역형을 선고받은 소년에게는 (   )이 지나면 가석방을 허가할 수 있다.

264 가석방심사위원회는 (   )인 위원장을 포함한 5명 이상 9명 이하의 위원으로 구성한다.

265 성인에 대한 가석방 및 보호관찰은 모두 가석방심사위원회에서 심사한다.

해설 | 성인에 대한 가석방은 가석방심사위원회에서 심사하고, 보호관찰은 보호관찰심사위원회에서 심사·결정한다.

266 가석방심사위원회 위원 중 고등법원 부장판사급 판사인 위원의 임기는 2년으로 하며, 연임에 제한은 없다.

해설 | 한 차례만 연임할 수 있다.

267 소장이 가석방적격심사를 신청한 때에는 수형자가 동의하지 아니하더라도 신청사실을 보호자 등에게 알려야 한다.

해설 | 소장은 위원회에 적격심사 신청한 사실을 수형자의 동의를 받아 보호자 등에게 알릴 수 있다.

268 소장은 가석방이 허가되지 않은 수형자에 대하여는 다시 가석방심사신청을 할 수 있다.

269 가석방심사위원회는 가석방 적격결정을 하였으면 (   )에 법무부장관에게 가석방 허가를 신청하여야 한다.

270 가석방자에게 사회봉사명령이나 수강명령을 부과할 수 있다.

해설 | 부과할 수 없다.

271 소년범이 단기 3년, 장기 5년의 징역형을 선고받아 1년 3월을 복역하고 가석방된 경우, 가석방 취소 없이 1년 3월이 경과하면 형의 집행을 종료한 것으로 한다.

272 가석방처분 후 그 처분이 실효 또는 취소되지 않고 가석방기간을 경과한 때에는 가석방심사위원회를 통해 최종적으로 형집행종료를 결정한다.

해설 | (심사 없이) 형의 집행을 종료한 것으로 본다.

273 가석방 중 고의 또는 과실로 금고 이상의 형을 선고받아 그 판결이 확정된 경우에 가석방처분은 효력을 잃는다.

해설 | 과실은 규정되어 있지 않다.

274 가석방된 자가 보호관찰의 준수사항을 위반한 때에는 가석방처분을 취소하여야 한다.

해설 | 가석방된 자가 보호관찰의 준수사항을 위반하고 그 정도가 무거운 때에는 가석방처분을 취소할 수 있다.

275 가석방취소자의 남은 형기기간은 가석방을 실시한 다음 날부터 원래 형기의 종료일까지로 하고, 남은 형기집행 기산일은 가석방을 실시한 다음 날로 한다.

해설 | 가석방취소자 및 가석방실효자의 남은 형기기간은 가석방을 실시한 다음 날부터 원래 형기의 종료일까지로 하고, 남은 형기집행 기산일은 가석방의 취소 또는 실효로 인하여 교정시설에 수용된 날부터 한다.

276 수용자의 석방은 사면·형기종료 또는 권한이 있는 사람의 명령에 따라 (   )이 행한다.

277 사면, 가석방, 형의 집행면제, 권한이 있는 사람의 명령에 따른 석방은 그 서류가 도달한 후 12시간 이내에 하여야 한다.

해설 | 권한이 있는 사람의 명령에 따른 석방은 서류가 도달한 후 5시간 이내에 하여야 한다.

278 소장은 수형자의 보호를 위하여 필요하다고 인정되면 석방 전 (   ) 이내의 범위에서 석방예정자를 별도의 거실에 수용하여 장래에 관한 상담과 지도를 할 수 있다.

279 소장은 수용자가 사망하면 법무부장관이 정하는 범위에서 화장·시신인도 등에 필요한 비용을 인수자에게 지급하여야 한다.

해설 | 지급할 수 있다.

280 분류심사위원회는 사형확정자의 자살·도주 등의 사고를 방지하기 위하여 필요한 경우에는 사형확정자와 미결수용자를 혼거수용할 수 있다.

해설 | 분류심사위원회가 아닌 소장의 권한이다.

281 소장은 사형확정자의 자살·도주 등의 사고를 방지하기 위하여 필요한 경우에는 사형확정자와 수형자를 혼거수용할 수 있다.

해설 | 사형확정자와 미결수용자를 혼거수용할 수 있다.

282 사형확정자를 수용하는 시설은 완화경비시설 또는 일반경비시설에 준한다.

해설 | 일반경비시설 또는 중경비시설에 준한다.

283 사형확정자의 접견횟수는 매월 4회로 하고 전화통화는 (   )로 한다.

284 사형확정자의 교화나 심리적 안정을 위해 필요한 경우에 접견횟수를 늘릴 수 있으나, 접견시간을 연장할 수는 없다.

해설 | 연장할 수 있다.

285 소장은 사형확정자의 심리적 안정 및 원만한 수용생활을 위하여 신청에 따라 교육 또는 교화프로그램을 실시할 수 있다.

해설 | 교육 또는 교화프로그램은 신청을 요하지 않는다.

286 소장은 사형확정자가 작업을 신청하면 (   )의 심의를 거쳐 교정시설 안에서 실시하는 작업을 부과할 수 있다.

287 소장은 사형을 집행하였을 경우에는 교수한 후 5분이 지나지 아니하면 교수형에 사용한 줄을 풀지 못한다.

해설 │ '교수한 후'가 아니라 '시신을 검사한 후'라고 해야 옳다.

288 현행법상 사형집행의 명령은 검찰총장이 아닌 법무부장관의 권한이며 그 명령은 판결이 확정된 날로부터 (   ) 이내에 하여야 한다.

289 법무부장관은 필요하다고 인정하면 이 법에서 정하는 바에 따라 교정업무를 공공단체를 포함하여 법인·단체 또는 그 기관이나 개인에게 위탁할 수 있다.

해설 │ 공공단체 외의 법인·단체 또는 그 기관이나 개인에게 위탁할 수 있다.

290 법무부장관은 교정업무를 포괄적으로 위탁하여 한 개 또는 여러 개의 교도소 등을 설치·운영하도록 하는 경우에는 법인·단체 또는 그 기관에게 위탁할 수 있고, 개인에게도 위탁할 수 있다.

해설 │ 법인에만 위탁할 수 있다.

291 위탁계약기간은 수탁자가 교도소 등의 설치비용을 부담하는 경우에는 10년 이상 20년 이하이며, 그 기간을 1차에 한하여 갱신할 수 있다.

해설 │ 위탁계약의 기간은 수탁자가 교도소등의 설치비용을 부담하는 경우에는 10년 이상 20년 이하, 그 밖의 경우에는 1년 이상 5년 이하로 하되, 그 기간은 갱신할 수 있다.

292 교정법인 이사는 대한민국 국민이어야 하며, 이사의 5분의 1 이상은 교정업무에 종사한 경력이 3년 이상이어야 한다.

해설 │ 교정법인 이사의 과반수는 대한민국 국민이어야 하며, 이사의 5분의 1 이상은 교정업무에 종사한 경력이 5년 이상이어야 한다.

293 교정법인의 대표자는 그 교정법인이 운영하는 민영교도소 등의 장을 겸할 수 없고, 이사는 감사나 해당 교정법인이 운영하는 민영교도소등의 장이나 직원을 겸할 수 없다.

해설 │ 민영교도소등의 장은 제외한다.

294 교정법인은 민영교도소등의 장 및 대통령령으로 정하는 직원을 임면할 때에는 (   )의 승인을 받아야 한다.

정답 | 281 ✕   282 ✕   283 3회   284 ✕   285 ✕   286 교도관회의   287 ✕   288 6개월   289 ✕   290 ✕   291 ✕   292 ✕   293 ✕   294 법무부장관

주요법령 괄호문제

1 형의 집행 및 수용자의 처우에 관한 법률

01 수용자의 범죄횟수는 징역 또는 금고 이상의 형을 선고받아 확정된 횟수로 한다. 다만, 집행유예의 선고를 받은 사람이 유예기간 중 (   )로 범한 죄로 금고 이상의 실형이 확정되지 아니하고 그 기간이 지난 경우에는 집행이 유예된 형은 범죄횟수에 포함하지 아니한다.

02 법무부장관은 이 법의 목적을 효율적으로 달성하기 위하여 (   )년마다 형의 집행 및 수용자 처우에 관한 기본계획을 수립하고 추진하여야 한다.

03 법무부장관은 형의 집행 및 수용자 처우에 관한 사항을 협의하기 위하여 법원, 검찰 및 경찰 등 관계 기관과 협의체를 설치하여 운영할 수 있으며 그에 필요한 사항은 대통령령으로 정하며 협의회 위원장은 법무부차관이며 위원장을 포함한 (   )명의 위원으로 구성하며 기획재정부, 교육부, 법무부, 국방부, 행정안전부, 보건복지부, 고용노동부, 경찰청 및 해양경찰청 소속 고위공무원단에 속하는 공무원 중에서 해당 소속 기관의 장이 지명하는 사람 각 1명과 법원행정처 소속 판사 또는 3급 이상의 법원일반직공무원 중에서 법원행정처장(대법원장 ×)이 지명하는 사람 1명 그리고 대검찰청 소속 검사 또는 고위공무원단에 속하는 공무원 중에서 검찰총장이 지명하는 사람 1명으로 한다(여가부 ×). 회의 7일 전 알림

04 신설하는 교정시설은 수용인원이 (   )명 이내의 규모가 되도록 하여야 한다. 다만, 교정시설의 기능·위치나 그 밖의 사정을 고려하여 그 규모를 늘릴 수 있다.

05 수형자가 소년교도소에 수용 중에 19세가 된 경우에도 교육·교화프로그램, 작업, 직업훈련 등을 실시하기 위하여 특히 필요하다고 인정되면 23세가 되기 전까지는 계속하여 수용할 수 있고 소장은 특별한 사정이 있으면 (   )을 초과하지 아니하는 기간 동안 계속하여 수용할 수 있다.

06 소장은 특히 필요하다고 인정하는 경우가 아니면 남성교도관이 (   )에 수용자거실에 있는 여성수용자를 시찰하게 하여서는 아니 된다.

07 혼거수용 인원은 (   )으로 한다. 다만, 요양이나 그 밖의 부득이한 사정이 있는 경우에는 예외로 한다.

08 소장은 수용자의 거실을 지정하는 경우에는 죄명·(   )·죄질·성격·범죄전력·나이·경력 및 수용생활 태도, 그 밖에 수용자의 개인적 특성을 고려하여야 한다.

09 소장은 수용자의 생명·신체의 보호, 증거인멸의 방지 및 교정시설의 (   )과 질서유지를 위하여 필요하다고 인정하면 혼거실·교육실·강당·작업장, 그 밖에 수용자들이 서로 접촉할 수 있는 장소에서 수용자의 자리를 지정할 수 있다.

10 소장은 신입자가 환자이거나 부득이한 사정이 있는 경우가 아니면 수용된 날부터 (   ) 동안 신입자거실에 수용하여야 한다.

11 수용자에게 특정교도소 이송청구권은 (   ).

12 소장은 수용자에게 건강상태, 나이, 부과된 작업의 종류, 그 밖의 개인적 특성을 고려하여 건강 및 체력을 유지하는 데에 필요한 음식물을 지급하며 음식물의 지급기준 등에 관하여 필요한 사항은 (   )으로 정한다.

13 물품의 자비구매 허가범위 등에 관하여 필요한 사항은 (   )으로 정한다.

14 (   )은 자비구매물품의 품목·규격·가격 등의 교정시설 간 균형을 유지하고 공급과정의 효율성·공정성을 높이기 위하여 그 공급업무를 담당하는 법인 또는 개인을 지정할 수 있다.

15 소장은 제2항의 경우에 금품을 보낸 사람을 알 수 없거나 보낸 사람의 주소가 불분명한 경우에는 금품을 다시 가지고 갈 것을 공고하여야 하며, 공고한 후 (   )이 지나도 금품을 돌려달라고 청구하는 사람이 없으면 그 금품은 국고에 귀속되며 소장은 상속인 또는 가족이 제1항

의 금품을 내어달라고 청구하면 지체 없이 내어주어야 한다. 다만, 제1항에 따른 알림을 받은 날(알려줄 수가 없는 경우에는 청구사유가 발생한 날)부터 1년이 지나도 청구하지 아니하면 그 금품은 국고에 귀속된다. 다만 소장은 수용자가 석방될 때 보관하고 있던 수용자의 휴대금품을 본인에게 돌려주어야 한다(청구불요). 다만, 보관품을 한꺼번에 가져가기 어려운 경우 등 특별한 사정이 있어 수용자가 석방 시 소장에게 일정 기간 동안(1개월 이내의 범위로 한정한다) 보관품을 보관하여 줄 것을 신청하는 경우에는 그러하지 아니하다.

16 소장은 거실·작업장·목욕탕, 그 밖에 수용자가 공동으로 사용하는 시설과 취사장, 주식·부식 저장고, 그 밖에 음식물 공급과 관련된 시설을 수시(정기적 ×)로 청소·소독하여야 하고 저수조 등 급수시설을 (   )에 1회 이상 청소·소독하여야 한다.

17 운동시간·목욕횟수(건강검진 포함) 등에 관하여 필요한 사항은 (   )으로 정한다.

18 운동(횟수:), 목욕(주 1회 이상), 건강검진(1년에 1회)이다(19세 미만과 계호상 독거 및 65세 이상 노인은 6월에 1회).

19 소장은 수용자가 감염병에 걸렸다고 의심되는 경우에는 (   )이상 격리수용하고 그 수용자의 휴대품을 소독하여야하며 감염병이 유행하는 경우에는 수용자가 자비로 구매하는 음식물의 공급을 중지할 수 있고 (임의적) 수용자가 감염병에 걸린 경우에는 즉시 격리수용하고 그 수용자가 사용한 물품과 설비를 철저히 소독하여야 한다.

20 상습자해 수용자의 치료비는 (   )이 가능하다.

21 접견의 횟수·시간·장소·방법 및 접견내용의 청취·기록·녹음·녹화 등에 관하여 필요한 사항은 (   )으로 정한다.

22 소장은 수형자가 다음 어느 하나에 해당하면 접견 횟수를 늘릴 수 있다(시간 ×). (   ), 교정성적이 우수한 때 ,교화 또는 건전한 사회복귀를 위하여 특히 필요하다고 인정되는 때

23 변호사와 접견하는 시간은 회당 60분으로 하며 횟수는 소송사건의 대리인인 변호사는 (   ), 「형사소송법」에 따른 상소권 회복 또는 재심 청구사건의 대리인이 되려는 변호사는 사건 당 2회로 하며 일반 접견횟수와는 별도이다.

24 구치소장이 구치소 내에서 실시하는 종교의식 또는 행사에 미결수용자인 청구인의 참석을 금지한 행위가 청구인의 종교의 자유를 침해하였다고 볼 수 있으나 천주교 신자에게 불교 종교행사에 못가게 한 것은 기본권 침해라 볼 수 (   ).

25 방송설비·방송프로그램·방송시간 등에 관하여 필요한 사항은 (   )으로 정한다.

26 수용자는 문서 또는 도화를 작성하거나 문예·학술, 그 밖의 사항에 관하여 집필할 수 있다. 다만, 소장이 시설의 안전 또는 질서를 해칠 (   )한 위험이 있다고 인정하는 경우는 예외로 한다.

27 노인수용자·장애인수용자·외국인수용자 및 소년수용자에 대한 적정한 배려 또는 처우에 관하여 필요한 사항은 (   )으로 정한다.

28 노인수형자 전담교정시설에는 별도의 (   )을 마련하고 노인이 선호하는 오락용품 등을 갖춰두어야 한다.

29 노인수형자 전담교정시설의 장은 노인성 질환에 관한 전문적인 지식을 가진 의료진과 장비를 갖추고, 외부의료시설과 협력체계를 강화하여 노인수형자가 신속하고 적절한 치료를 받을 수 있도록 (   ) 한다.

30 장애인수형자 전담교정시설이 아닌 교정시설에서는 장애인수용자를 수용하기 위하여 별도의 거실을 지정하여 (   ).

31 외국인 미결수용자에게 소송 진행에 필요한 법률지식을 제공하는 등의 조력을 (   ).

32 소장은 외국인수용자의 수용거실을 지정하는 경우에는 (   ) 또는 생활관습이 다르거나 민족감정(인종과 피부색 제외) 등으로 인하여 분쟁의 소지가 있는 외국인수용자는 거실을 분리하여 수용하여야 하며 외국인수용자에게 지급하는 부식의 지급기준은 법무부장관이 정한다.

33 소장은 미결수용자로서 자유형이 확정된 사람에 대하여는 검사의 집행 지휘서가 도달된 때부터 수형자로 처우할 수 있고 검사는 집행 지휘를 한 날부터 (   ) 이내에 재판서나 그 밖에 적법한 서류를 소장에게 보내야 한다.

34 계호의 정도에 관하여 필요한 사항은 (   )으로 정한다.

35 교정시설에 설치된 개방시설에 수용되는 중간처우 대상자는 형기가 (   )년 이상인 사람이고, 범죄횟수가 3회 이하인 사람이며, 중간처우를 받는 날부터 가석방 또는 형기종료 예정일까지 기간이 3개월 이상 2년 6개월 미만인 사람이어야 하고, 지역사회에 설치된 개방시설에 수용될 수 있는 중간처우 대상자는 범죄횟수가 1회이며, 중간처우를 받는 날부터 가석방 또는 형기종료 예정일까지의 기간이 1년 6개월 미만인 사람이다.

36 소장은 수형자를 기본수용급별·(   )로 구분하여 수용하여야 한다. 다만 처우상 특히 필요하거나 시설의 여건상 부득이한 경우에는 기본수용급·경비처우급이 다른 수형자를 함께 수용하여 처우할 수 있다(기경수 원칙). 단, 수형자를 수용하는 경우 개별처우의 효과를 증진하기 위하여 경비처우급·개별처우급이 같은 수형자 집단으로 수용하여 처우할 수 있다(경개수 예외).

37 분류처우위원회위원장은 소장이며 위원회는 위원장을 포함한 5명 이상 7명 이하의 위원으로 구성하고 위원회의 회의는 매월 10일에 개최, 위원회의 회의는 재적위원 (   ) 이상의 출석으로 개의하고, 출석위원 과반수의 찬성으로 의결한다.

38 소장은 수형자에게 작업을 부과하려면 나이·형기·건강상태·기술·성격·취미·경력·(   ), 그 밖의 수형자의 사정을 고려하여야 한다(나이, 경력, 성격, 형기는 거실지정사유와 동일).

39 소장은 (   ) 미만의 수형자에게 작업을 부과하는 경우에는 정신적·신체적 성숙 정도, 교육적 효과 등을 고려하여야 한다(할 수 있다 ×).

40 외부통근작업 대상자의 선정기준 등에 관하여 필요한 사항은 (   )으로 정한다.

41 취업지원협의회는 회장 1명을 포함하여 (   ) 이상 5명 이하의 내부위원과 10명 이상의 외부위원으로 구성하며 외부위원의 임기는 3년으로 하며 연임 가능하고 회의는 반기마다 개최한다.

42 집중적인 근로가 필요한 작업이란 수형자의 신청에 따라 1일 작업시간 중 접견·전화통화·교육 및 공동행사 참가 등을 하지 아니하고 휴게시간을 (   ) 작업시간 내내 하는 작업을 말한다.

43 소장은 수형자의 가족 또는 배우자의 직계존속이 사망하면 2일간, 부모 또는 (   ) 의 제삿날에는 1일간 해당 수형자의 작업을 면제한다. 다만, 수형자가 작업을 계속하기를 원하는 경우는 예외로 한다.

44 귀휴심사위원회는 위원장을 포함한 6명 이상 8명 이하의 위원으로 구성하며 외부위원은 (   )명 이상이며 임기는 2년이며 연임이 가능하다.

45 소장은 사형확정자가 작업을 신청하면 (   ) 의 심의를 거쳐 교정시설 안에서 실시하는 작업을 부과할 수 있다. 이 경우 부과하는 작업은 심리적 안정과 원만한 수용생활을 도모하는 데 적합한 것이어야 한다.

46 소장은 교도관에게 수용자의 거실 등을 정기적으로 검사하게 하여야 한다. 다만, 금지물품을 숨기고 있다고 의심되는 수용자와 (   )·조직폭력사범 등 법무부령으로 정하는 수용자 의 거실 등은 수시로 검사하게 할 수 있다.

47 보호장비를 사용하는 경우에는 수용자의 (　　　　), 건강상태 및 수용생활 태도 등을 고려하여야 한다.

48 보호장비의 사용절차 등에 관하여 필요한 사항은 (　　　　)으로 정한다.

49 보호의자는 (목욕, 식사, 용변, 치료 등을 위한 보호장비 사용의 일시중지·완화에 따라) 그 사용을 일시 중지하거나 완화하는 경우를 포함하여 (　　　　)을 초과하여 사용할 수 없으며, 사용중지 후 4시간이 경과하지 아니하면 다시 사용할 수 없다(침대·보호복 포함 – 자대복8 – 4).

50 하나의 보호장비로 사용목적을 달성할 수 없는 경우에는 둘 이상의 보호장비를 사용할 수 있다. 다만, 다음 어느 하나에 해당하는 경우에는 다른 보호장비와 같이 사용할 수 없다. 의자와 (　　　　).

51 소장은 보호장비의 사용을 명령한 경우에는 수시로 그 사용 실태를 확인·점검하여야 하며 (　　　　) 은 소속 교정시설의 보호장비 사용 실태를 정기적으로 점검하여야 한다.

52 조직폭력수용자로서 무죄 외의 사유로 출소한 후 (　　　　)이내에 교정시설에 다시 수용된 사람과 징벌집행이 종료된 날부터 1년 이내에 다시 징벌을 받는 등 규율 위반의 상습성이 인정되는 수용자는 관심대상수용자로 지정한다.

53 수용자가 둘 이상의 징벌사유가 경합하는 때, 징벌이 집행 중에 있거나 징벌의 집행이 끝난 후 또는 집행이 면제된 후 (　　　　) 내에 다시 징벌사유에 해당하는 행위를 한 때에는 제108조 제2호부터 제14호까지의 규정에서 정한 징벌의 장기의 2분의 1까지 가중할 수 있다.

54 징벌위원회는 위원장을 포함한 5명 이상 7명 이하의 위원으로 구성하고, 위원장은 소장의 바로 다음 순위자가 되며, 위원은 소장이 소속 기관의 과장(지소의 경우에는 7급 이상의 교도관) 및 교정에 관한 학식과 경험이 풍부한 외부인사 중에서 임명 또는 위촉한다. 이 경우 외부위원은 (　　　　) 이상으로 한다.

55 수용자는 그 처우에 관하여 불복하는 경우 법무부장관·순회점검공무원 또는 (　　　　　)에게 청원할 수 있다.

56 수용자는 「공공기관의 정보공개에 관한 법률」에 따라 법무부장관, (　　　　　) 또는 소장에게 정보의 공개를 청구할 수 있다.

57 비용납부에 관한 사항은 (　　　　　)으로 정하며 비용이 납부되기 전에 정보공개 여부의 결정을 할 수 있다.

58 법무부장관 소속으로 가석방심사위원회를 두며 위원회는 위원장(법무부차관)을 포함한 5명 이상 9명 이하의 위원으로 구성하고 위원의 명단과 경력사항 및 심의서는 해당 가석방 결정 등을 한 후부터 즉시 공개하나 회의록은 해당 가석방 결정 등을 한 후 (　　　　　) 경과 후 공개한다.

59 수형자에게는 가석방 청구권이 (　　　　　).

60 (　　　　　), 가석방, 형의 집행면제, 감형에 따른 석방은 그 서류가 교정시설에 도달한 후 12시간 이내에 하여야 한다. 다만, 그 서류에서 석방일시를 지정하고 있으면 그 일시에 한다(나머지는 5시간).

61 소장은 수용자가 사망한 사실을 알게 된 사람이 임시로 매장하려는 경우는 사망한 사실을 알게 된 날부터 3일, 화장하여 봉안하려는 경우는 사망한 사실을 알게 된 날부터 (　　　　　) 이내에 그 시신을 인수하지 아니하거나 시신을 인수할 사람이 없으면 임시로 매장하거나 화장 후 봉안하여야 한다.

정답 | 01 고의 02 5 03 12 04 500 05 6개월 06 야간 07 3명 이상 08 형기 09 안전 10 3일 11 없다 12 법무부령 13 법무부령 14 법무부장관(소장 ×) 15 6개월 16 6개월(1년 ×) 17 대통령령(법무부령 ×) 18 매일 1시간이내 근무시간에 19 1주 20 구상 21 대통령령 22 19세 미만인 때 23 월 4회

24 없다 25 법무부령(대통령령 ×) 26 명백 27 법무부령 28 공동휴게실 29 노력하여야 30 운용할 수 있다 31 하여야 한다 32 종교 33 10일 34 대통령령(법무부령 ×) 35 2년 이상 36 경비처우급별 37 3분의 2 38 장래생계 39 19세 40 법무부령 41 3명 42 제외한 43 배우자 44 2 45 교도관회의 46 마약류사범 47 나이 48 대통령령 49 8시간 50 침대 51 지방교정청장 52 5년 53 6개월 54 3명 55 관할 지방교정청장 56 지방교정청장 57 대통령령 58 5년 59 없다 60 사면 61 60일

② 민영교도소 등의 설치·운영에 관한 법률

01 법무부장관은 위탁계약을 체결하기 전에 계약 내용을 (   )과 미리 협의하여야 하며 수탁자가 교도소등의 설치비용을 부담하는 경우는 10년 이상 20년 이하 그 밖의 경우는 1년 이상 5년 이하로 계속 연장이 가능하다.

02 법무부장관은 수탁자가 이 법 또는 이 법에 따른 명령이나 처분을 위반하면 (   ) 이내의 기간을 정하여 위탁업무의 전부 또는 일부의 정지를 명할 수 있다.

03 교정법인 이사의 과반수는 대한민국 국민이어야 하며, 이사의 5분의 1 이상은 교정업무에 종사한 경력이 (   ) 이상이어야 한다(직원은 전부가 대한민국 국민).

04 교정법인의 임원의 임기는 해당 법인의 정관에서 정하는 바에 따르고, 정관에서 특별히 정하지 않은 경우에는 (   )으로 하며, 연임할 수 있고 이사는 감사나 해당 교정법인이 운영하는 민영교도소등의 직원(민영교도소등의 장은 제외한다)을 겸할 수 없으며 감사는 교정법인의 대표자·이사 또는 직원(그 교정법인이 운영하는 민영교도소등의 직원을 포함한다)을 겸할 수 없다.

05 교정법인의 정관변경(다른 법인과의 합병회사인 경우 분할 또는 분할합병, 해산 포함)은 법무부장관의 (   ), 교정법인의 대표자 및 감사와 위탁업무를 전담하는 이사는 법무부장관의 승인을 받아 취임하며 나머지 기본재산의 매도·증여 또는 교환등은 법무부장관의 허가사항이다.

06 교정법인은 법 제16조 제2항에 따라 법무부장관에게 법 제15조 제2항에 따른 민영교도소등의 설치·운영에 관한 회계의 사업계획과 예산을 매 회계연도가 시작되기 (   ) 이전에 제출하고, 사업실적과 결산을 매 회계연도가 끝난 후 2개월 이내에 제출하여야 한다.

07 일반귀휴(특별귀휴 ×)를 보내고자할 경우나 수용자에게 보호장비를 사용하고자 할 때 민영교도소등의 장은 법무부장관이 민영교도소등의 지도·감독을 위하여 파견한 소속 공무원의 (   )을 받아야 한다.

08 민영교도소등의 장은 대통령령으로 정하는 바에 따라 (   )마다 무기 등 보안장비의 보유·사용 현황과 교육·직업훈련 등의 실시 현황을 법무부장관에게 보고하여야 한다.
[매월 보고사항: 1) 수용현황, 교정사고의 발생 및 징벌 현황, 2) 보건의료서비스와 주식·부식의 제공 현황, 3)외부통학, 외부출장 직업훈련, 귀휴, 사회 견학, 외부통근작업 및 외부병원 이송 등 수용자의 외부 출입 현황, 4) 교도작업의 운영 현황, 5) 직원의 인사·징계에 관한 사항.
주의: 출소 후 수용자의 취업현황은 없음]

09 법무부장관이 위탁계약을 해지하려면 (   )을 하여야 한다.

010 교정법인은 민영교도소 등에 수용되는 자에게 특별한 사유가 있다는 이유로 수용을 거절할 수 없다. 다만, 수용·작업·교화, 그 밖의 처우를 위하여 특별히 필요하다고 인정되는 경우에는 (   )에게 수용자의 이송을 신청할 수 있다.

정답 | 01 기획재정부장관 02 6개월 03 5년 04 3년 05 인가 06 8개월 07 승인 08 분기 09 청문
10 법무부장관

3 교도작업의 운영 및 특별회계에 관한 법률

01 법무부장관은 교도작업으로 생산되는 제품의 종류와 수량을 회계연도 개시 (   ) 전까지 공고하여야 하며 교도작업으로 생산되는 제품(이하 "교도작업제품"이라 한다)을 생산하는 교정시설의 장(이하 "소장"이라 한다)은 국가, 지방자치단체 또는 공공기관(이하 "수요기관"이라 한다)의 수요량과 해당지역의 생산실태 등을 조사하여 법무부령으로 정하는 사항이 포함된 다음 연도의 생산공급계획을 수립하여 매년 10월 30일까지 법무부장관에게 보고하여야 한다.

02 (   )은 민간기업이 참여할 교도작업의 내용을 해당 기업체와의 계약으로 정하고 이에 대하여 법무부장관의 승인(재계약의 경우에는 지방교정청장의 승인)을 받아야 한다. 다만, 법무부장관이 정하는 단기(2개월)의 계약에 대하여는 그러하지 아니하다.

> **정답** 01 1개월 02 교정시설의 장

4 교도관 직무규칙

01 당직간부란 교정시설의 장이 지명하는 교정직교도관으로서 보안과의 보안업무 전반에 걸쳐 (   )을 보좌하고, 휴일 또는 야간(당일 오후 6시부터 다음 날 오전 9시까지를 말한다)에 소장(보안과장 ×)을 대리하는 사람을 말한다.

02 수용자의 (   ), 폭행, 소요, 자살 등 구금목적을 해치는 행위에 관한 방지 조치는 다른 모든 직무에 우선한다.

03 수용자가 작성한 문서로서 해당 수용자의 날인이 필요한 것은 (   )으로 손도장을 찍게 한다. 다만, 수용자가 (   )으로 손도장을 찍을 수 없는 경우에는 다른 손가락으로 손도장을 찍게 하고, 그 손도장 옆에 어느 손가락인지를 기록하게 한다.

04 (   )은 교도관으로 하여금 매월 1회 이상 소화기 등 소방기구를 점검하게 하고 그 사용법의 교육과 소방훈련을 하게 하여야 한다(김소월). 참고로 교도관회의는 주 1회

05 수용자가 상관 등과의 면담을 요청한 경우에는 그 (   )상관에게 보고하여야 한다.

06 소장은 당직간부의 지휘 아래 교정직교도관으로 하여금 전체 수용자를 대상으로 하는 인원점검을 매일 (   ) 이상 충분한 사이를 두고 하게 하여야 한다.

07 교정직교도관은 일과종료(작업·교육 등 일과를 마치고 수용자를 거실로 들여보낸 다음 거실문을 잠그는 것을 말한다)후부터 그 다음날 일과시작(작업·교육 등 일과를 위하여 수용자를 거실에서 나오게 하기 위하여 거실문을 여는 것을 말한다) 전까지는 (   )의 허가를 받아 거실문을 여닫거나 수용자를 거실 밖으로 나오게 할 수 있다.

08 정문근무자는 수용자의 (   )부터 기상 시간까지는 당직간부의 허가 없이 정문을 여닫을 수 없다.

09 당직간부는 교대근무의 각 부별로 2명 이상으로 편성하며, 이 경우 정(正)당직간부 1명과 부당직간부 1명 이상으로 하며 당직간부는 교정직교도관을 점검하여야 하며, 점검이 끝나면 그 결과를 (   )에게 보고하여야 한다.

10 당직간부는 매일 총기·탄약·보호장비·보안장비, 그 밖의 교정장비에 이상이 없는지를 확인하고, 각 사무실 등의 화기·전기기구·잠금장치 등에 대한 점검 감독을 철저히 하여야 하며 (   ) 이상 교도관의 비상소집망을 확인하여 정확하게 유지하도록 하여야 한다.

정답 | 01 보안과장(소장 ×) 02 도주 03 오른손 엄지손가락 04 소장 05 사유를 파악하여(지체 없이 ×) 06 2회 07 당직간부 08 취침시간 09 보안과장(소장 ×) 10 매주 1회

5 수형자 등 호송 규정

01 교도소·구치소 및 그 지소(이하 "교정시설"이라 한다) 간의 호송은 (   )이 행하며, 그 밖의 호송은 경찰관 또는 「검찰청법」 제47조에 따라 사법경찰관리로서의 직무를 수행하는 검찰청 직원이 행한다.

02 피호송자가 도주한 때에는 호송관은 즉시 그 지방 및 인근 (   )와 호송관서에 통지하여야 하며, 호송관서는 관할 지방검찰청, 사건소관 검찰청, 호송을 명령한 관서, 발송관서 및 수송관서에 통지하여야 한다.

정답 | 01 교도관   02 경찰관서

6 가석방자관리규정

01 관할경찰서의 장은 (   ) 가석방자의 품행, 직업의 종류, 생활 정도, 가족과의 관계, 가족의 보호 여부 및 그 밖의 참고사항에 관하여 조사서를 작성하고 관계기관의 장에게 통보하여야 한다.

02 국외여행을 한 가석방자는 귀국하여 주거지에 도착하였을 때에는 지체 없이 그 사실을 관할 경찰서의 장에게 (   ) 하여야 한다. 국외 이주한 가석방자가 입국하였을 때에도 또한 같다.

03 가석방자는 국내 주거지 이전 또는 (   ) 이상 국내여행(이하 "국내주거지 이전등"이라 한다)을 하려는 경우 관할경찰서의 장에게 신고하여야 한다.

7 국가인권위원회법

01 국가인권위원회는 위원장 1명과 상임위원 (   )을 포함한 11명의 인권위원으로 구성한
다(국회 4, 대통령 4, 대법원장 3).

02 위원의 자격은 대학이나 공인된 연구기관에서 부교수 이상의 직이나 이에 상당하는 직에 10년
이상 있거나 있었던 사람과 판사·검사 또는 변호사의 직에 10년 이상 있거나 있었던 사람 등으
로 위원은 특정 성이 (   )을 초과하지 아니하도록 하여야 하며 위원의 임기는 3년으로
하고 한번만 연임 가능하다.

03 시설에 수용되어 있는 진정인과 위원 또는 위원회 소속 직원의 면담에는 구금·보호시설의 직원
이 참여하거나 그 내용을 듣거나 (   ) 못한다. 다만, 보이는 거리에서 시설수용자를 감
시할 수 있다.

04 구금·보호시설에 소속된 공무원 또는 직원은 위원회 명의의 서신을 개봉한 결과 당해 서신이
위원회가 진정인인 시설수용자에게 발송한 서신임이 확인된 때에는 당해 서신중 위원회가 열
람금지를 요청한 특정서면은 이를 열람하여서는 (   ).

05 위원회는 진정을 조사한 결과 진정의 내용이 범죄행위에 해당하고 이에 대하여 형사처벌이 필
요하다고 인정하면 (   )에게 그 내용을 고발할 수 있다. 다만, 피고발인이 군인이나 군
무원인 경우에는 소속 군 참모총장 또는 국방부장관에게 고발할 수 있다.

06 위원회가 진정을 조사한 결과 인권침해 및 차별행위가 있다고 인정하면 피진정인 또는 인권침
해에 책임이 있는 사람을 징계할 것을 소속기관등의 장에게 (   )할 수 있다.

07 고발을 받은 검찰총장, 군 참모총장 또는 국방부장관은 고발을 받은 날부터 (   ) 이내
에 수사를 마치고 그 결과를 위원회에 통지하여야 한다. 다만, (   )이내에 수사를 마치
지 못할 때에는 그 사유를 밝혀야 한다.

정답 | 01 3명 02 10분의 6 03 녹취하지 04 아니 된다 05 검찰총장(법무부장관 ✕) 06 권고 07 3개월

---

8 보호관찰 등에 관한 법률

01 보호관찰심사위원회의 위원장은 고등검찰청 검사장 또는 고등검찰청 소속 검사 중에서 법무부
장관이 임명하며, 심사위원회는 위원장을 포함하여 5명 이상 9명 이하의 위원으로 구성하며
상임위원은 고위공무원단에 속하는 일반직공무원 또는 (   ) 공무원으로서 「국가공무원
법」 제26조의5에 따른 임기제 공무원으로 한다.

02 소년원장은 보호소년이 수용된 후 (   )이 지나면 그 소년원의 소재지를 관할하는 심사
위원회에 그 사실을 통보하여야 한다.

03 보호관찰소의 장은 원호활동을 종합적이고 체계적으로 전개하기 위하여 원호협의회를 설치할
수 있고 원호협의회는 (   ) 이상의 위원으로 구성하되, 보호관찰소의 장은 당연직 위원
으로서 위원장이 되고, 위원은 교사 및 보호사무관 이상으로 7년 이상 보호관찰 또는 소년선도
업무에 종사한 경력이 있는 사람 중에서 위원장이 위촉한다.

04 보호관찰소장은 구인한 보호관찰 대상자를 수용기관 또는 소년분류심사원에 유치할 수 있는데,
보호관찰을 조건으로 한 형(벌금형을 제외한다)의 선고유예의 실효(失效) 및 집행유예의 취소
청구의 신청과 보호처분의 변경신청 시는 (   ), 가석방 및 임시퇴원의 취소 신청 시는
20+10(1회 연장) 가능하다.

05 보호장구에는 수갑, 포승, 보호대, 가스총, (　　　　　)가 있다.

06 보호관찰명령 없이 사회봉사·수강명령만 선고하는 경우, 보호관찰대상자에 대한 특별준수사항을 사회봉사·수강명령대상자에게 그대로 적용할 수 (　　　　　).

07 사회봉사·수강명령 대상자가 사회봉사·수강명령 집행 중 금고 이상의 형의 집행을 받게 된 때에는, 해당 형의 집행이 종료·면제되거나 사회봉사·수강명령 대상자가 가석방된 경우 잔여 사회봉사·수강명령을 (　　　　　)(보호관찰과 비교).

08 갱생보호에는 숙식제공은 포함되나 여비지원은 포함되지 (　　　　　).

09 숙식제공은 6월을 초과할 수 없다. 다만, 필요하다고 인정하는 때에는 매회 6월의 범위내에서 (　　　　　)에 한하여 그 기간을 연장할 수 있다(최대 2년이고, 본인의 신청이며, 최소비용을 징수할 수 있다).

10 생활관에는 갱생보호대상자가 아닌 자를 숙식하게 할 수 없다. 다만, 갱생보호대상자의 배우자, 직계존·비속에 대하여는 (　　　　　)이내의 기간 동안 숙식을 제공할 수 있다.

11 갱생보호 대상자와 관계 기관은 보호관찰소의 장, 갱생보호사업 (　　　　　)를 받은 자 또는 한국법무보호복지공단에 갱생보호 신청을 할 수 있다.

12 공단에 이사장 1명을 포함한 15명 이내의 이사와 감사 2명을 두며 이사장은 법무부장관이 임명하고, 그 임기는 (　　　　　)으로 하되 연임할 수 있고 이사는 갱생보호사업에 열성이 있고, 학식과 덕망이 있는 사람 중에서 이사장의 제청에 의하여 법무부장관이 임명하거나 위촉하며, 임기는 (　　　　　)으로 하되 연임할 수 있다(감사의 임기 만 2년).

⑨ 치료감호 등에 관한 법률

01 치료감호사건의 제1심 재판관할은 지방법원 및 지방법원지원의 (   )로 한다.

02 검사는 공소제기 없이 치료감호만을 청구할 수 (   ).

03 정신성적(精神性的) 장애자로서 금고이상의 형에 해당하는 죄를 지은 자는 정신건강의학과 등의 전문의의 진단이나 감정을 받은 후 치료감호를 (   ) 한다.

04 구속된 피의자에 대하여 검사가 공소를 제기하지 않는 결정을 하고 치료감호 청구만을 하는 때에는 구속영장은 (   )으로 보며 그 효력을 잃지 아니한다.

05 「형법」상 살인죄(제250조 제1항)의 죄를 범한 자의 치료감호기간을 연장하는 신청에 대한 검사의 청구는 치료감호기간 또는 치료감호가 연장된 기간이 종료하기 (   ) 전까지 하여야 한다.

06 치료감호심의위원회는 치료감호만을 선고받은 피치료감호자에 대한 집행이 시작된 후 (   )이 지났을 때에는 상당한 기간을 정하여 그의 법정대리인, 배우자, 직계친족, 형제자매에게 치료감호시설 외에서의 치료를 위탁할 수 있다.

07 법원은 치료명령대상자에 대하여 형의 선고를 유예하는 경우 치료기간을 정하여 치료를 받을 것을 명할 수 있으며, 이때 보호관찰을 병과 (　　　).

---

10 형법

01 형의시효가 완성되면 형의 집행이 (　　　) 된다.

02 벌금형의 형의 시효는 (　　　)이며, 강제처분을 개시함으로 인하여 시효의 중단이 이루어진다.

03 형의 선고를 유예하는 경우에 재범방지를 위하여 지도 및 원호가 필요한 때에는 법원은 (　　　) 기간의 보호관찰을 받을 것을 명할 수 있다.

04 형의 선고유예를 받은 날부터 (　　　)을 경과한 때에는 면소된 것으로 간주한다.

11 전자장치 부착 등에 관한 법률

01 만 19세 미만의 자에 대하여 전자장치의 부착명령을 선고할 수 (   ).

02 검사는 부착명령을 청구하기 위하여 필요하다고 인정하는 때에는 소속 검찰청 소재지를 관할하는 보호관찰소의 장에게 (   ), 심리상태 등 피의자에 관하여 필요한 사항의 조사를 요청할 수 있다.

03 주거를 이전하거나 (   ) 이상의 국내여행 또는 출국할 때에는 미리 보호관찰관의 허가를 받아야 한다.

04 임시해제가 취소된 자는 잔여 부착명령기간 동안 전자장치를 부착하여야 하고, 부착명령할 때 개시된 보호관찰을 받아야 하며, 부과된 준수사항(준수기간이 종료되지 않은 경우에 한정한다)을 준수하여야 한다. 이 경우 임시해제기간은 부착명령기간에 (   ).

05 임시해제 신청은 부착명령의 집행이 개시된 날부터 (   )이 경과한 후에 하여야 한다. 신청이 기각된 경우에는 기각된 날부터 (   )이 경과한 후에 다시 신청할 수 있다.

정답 | 01 있다 02 피해자와의 관계 03 7일 04 산입하지 아니한다 05 3개월

12 스토킹범죄의 처벌 등에 관한 법률

01 긴급응급조치의 내용으로서 사법경찰관은 스토킹행위 신고와 관련하여 스토킹행위가 지속적 또는 반복적으로 행하여질 우려가 있고 스토킹범죄의 예방을 위하여 긴급을 요하는 경우, 스토킹행위자에게 직권으로 또는 스토킹행위의 상대방이나 그 법정대리인 또는 스토킹행위를 신고한 사람의 요청에 의하여 스토킹행위의 상대방등이나 그 주거등으로부터 (   ) 이내의 접근금지, 스토킹행위의 상대방등에 대한 「전기통신기본법」 제2조 제1호의 전기통신을 이용한 접근금지 조치를 할 수 있다.

02 사법경찰관은 긴급응급조치를 하였을 때에는 지체 없이 검사에게 해당 긴급응급조치에 대한 사후승인을 지방법원 판사에게 청구하여 줄 것을 신청하여야 하고, 검사는 (   )시간 이내에 지방법원 판사에게 해당 긴급응급조치에 대한 사후승인을 청구할 수 있으며, 지방법원 판사는 스토킹행위가 지속적 또는 반복적으로 행하여지는 것을 예방하기 위하여 필요하다고 인정하는 경우에는 청구된 긴급응급조치를 승인할 수 있다(단, 긴급응급조치기간은 1개월을 초과할 수 없다).

03 법원은 스토킹범죄의 원활한 조사·심리 또는 피해자 보호를 위하여 필요하다고 인정하는 경우에는 결정으로 스토킹행위자에게 다음의 어느 하나에 해당하는 조치(이하 "잠정조치"라 한다)를 할 수 있고, 각각의 잠정조치는 병과(倂科)할 수 있으며, 그중 전자장치의 부착은 (   )을 초과할 수 없다(2회 연장 가능하고, 참고로 유치는 1개월이며 연장불가).

정답 | 01 100미터 02 48시간 03 3개월

13 성폭력범죄자의 성충동 약물치료에 관한 법률

01 검사는 사람에 대하여 성폭력범죄를 저지른 성도착증 환자로서 성폭력범죄를 다시 범할 위험성이 있다고 인정되는 19세 이상의 사람에 대하여 약물치료명령(이하 "치료명령"이라고 한다)을 법원에 청구할 수 (   ).

02 징역형과 함께 치료명령을 받은 사람 및 그 법정대리인은 주거지 또는 현재지를 관할하는 지방법원(지원을 포함한다.)에 치료명령이 집행될 필요가 없을 정도로 개선되어 성폭력범죄를 다시 범할 위험성이 없음을 이유로 치료명령의 집행 면제를 신청할 수 있는데 치료명령의 원인이 된 범죄에 대한 징역형의 집행이 종료되기 전 (   )까지의 기간에 하여야 한다.

03 신청을 받은 경우 징역형의 집행이 종료되기 (   ) 전까지 치료명령의 집행 면제 여부를 결정하여야 한다.

04 치료명령을 받은 사람은 형의 집행이 종료되거나 면제·가석방 또는 치료감호의 집행이 종료·가종료 또는 치료 위탁되는 날부터 (   ) 이내에 주거지를 관할하는 보호관찰소에 출석하여 서면으로 신고하여야 한다.

05 치료명령을 받은 사람은 주거 이전 또는 (   ) 이상의 국내여행을 하거나 출국할 때에는 미리 보호관찰관의 허가를 받아야 한다.

06 치료명령의 결정을 받은 사람은 치료기간 동안 치료비용을 (   ) 한다. 다만, 치료비용을 부담할 경제력이 없는 사람의 경우에는 국가가 비용을 부담할 수 있다.

정답 | 01 있다 02 12개월부터 9개월 03 3개월 04 10일 05 7일 06 부담하여야

⑭ 소년법

01 보호자는 형벌 법령에 저촉되는 행위를 한 10세 이상 14세 미만인 소년을 발견한 경우 이를 관할 소년부에 (   ) 할 수 있다.

02 소년부는 사건이 그 관할에 속하지 아니한다고 인정하면 (   ) 그 사건을 관할 소년부에 이송하여야 한다.

03 소년이 (   ) 에 위탁된 경우, 보조인이 없을 때에는 법원은 별도로 소년 본인이나 보호자의 신청을 요하지 않고 변호사 등 적정한 자를 보조인으로 선정하여야 한다.

04 사건의 조사·심리를 위한 임시조치로서 소년분류심사원에 위탁하는 경우에 그 기간은 최장 (   ) 을 넘지 못한다.

05 (   )는 심리 과정에서 소년에게 피해자와의 화해를 권고할 수 있으며, 소년이 피해자와 화해하였을 경우에는 보호처분을 결정할 때 이를 고려할 수 있다.

06 사회봉사명령은 (   ) 수강명령은 12세이상의 소년에게만 부과할 수 있다.

07 보호관찰과 사회봉사명령, 수강명령은 모두 (   ) 부과할 수 있다.

08 장기 및 단기 보호관찰처분을 할 때에는 (   )의 기간을 정하여 야간 등 특정 시간대의 외출을 제한하는 명령을 보호관찰대상자의 준수 사항으로 부과할 수 있다.

09 보호처분이 계속 중일 때에 사건 본인에 대하여 유죄판결이 확정된 경우에 보호처분을 한 소년 부 판사는 결정으로써 보호처분을 (   ) 할 수 있다.

10 보호처분이 계속 중일 때에 사건 본인에 대하여 새로운 보호처분이 있었을 때에는 (   ) 보호처분을 취소해야 한다.

정답 | 01 통고 02 결정으로써 03 소년분류심사원 04 2개월 05 소년부 판사 06 14세 이상 07 병합하여
08 1년 이내 09 취소 10 어느 하나의

---

⑮ 보호소년 등의 처우에 관한 법률

01 소년원에는 초·중등교육소년원, 직업능력개발훈련소년원, 의료·재활소년원, (   ) 등 이 있다.

02 신설하는 소년원 및 소년분류심사원은 수용정원이 (   ) 이내의 규모가 되도록 하여야 한다. 다만, 소년원 및 소년분류심사원의 기능·위치나 그 밖의 사정을 고려하여 그 규모를 증 대할 수 있다.

03 보호소년 등을 소년원이나 (   )에 수용할 때에는 법원소년부의 결정서, 법무부장관의 이송허가서 또는 지방법원 판사의 유치허가장에 의하여야 한다.

04 (   )은 보호소년등이 희망하거나 특별히 보호소년등의 개별적 특성에 맞는 처우가 필 요한 경우 보호소년등을 혼자 생활하게 할 수 있다.

05 「소년법」 제32조제1항제7호(의료재활소년원 위탁)의 처분을 받은 보호소년은 의료재활소년원에 해당하지 아니하는 소년원으로 이송할 수 (   ).

06 자살 또는 자해의 우려가 있을 때나 신체적·정신적 질병 또는 임신·출산(유산·사산한 경우를 포함한다) 등으로 인하여 특별한 보호가 필요할 때의 심신안정실의 수용기간은 15일 이내로 한다. 다만, 원장은 특별히 계속하여 수용할 필요가 있으면 의사의 의견을 고려하여 (   )을 초과하지 아니하는 범위에서 한 차례만 그 기간을 연장할 수 있다.

07 설비 또는 기구 등을 손괴하거나 손괴하려 할 때나 담당 직원의 제지에도 불구하고 소란행위를 계속하여 다른 보호소년 등의 평온한 생활을 방해할 때의 심신안정실의 수용기간은 (   ) 이내로 한다. 다만, 원장은 특별히 계속하여 수용할 필요가 있으면 의사의 의견을 고려하여 12시간을 초과하지 아니하는 범위에서 한 차례만 그 기간을 연장할 수 있다.

08 소년원의 보호장비에는 수갑, 포승, 가스총, 전자충격기, 머리보호장비, (   )가 있다.

09 소년원의 징계에는 (1. 훈계 2. 원내 봉사활동 3. 서면사과 4. 20일 이내의 텔레비전 시청제한 5. 20일 이내의 단체 체육활동 정지 6. 20일 이내의 공동행사 참가정지 7. 20일 이내의 기간 동안 지정된 실(室)안에서 근신하게 하는 것)이 있으며 3에서 6호까지는 함께 처분 가능하고 교정성적 감점은 필수이며 7호 처분은 (   ) 이상만 가능하다.

10 원장은 미성년자인 보호소년 등이 친권자나 후견인이 없거나 있어도 그 권리를 행사할 수 없을 때에는 (   )의 허가를 받아 그 보호소년 등을 위하여 친권자나 후견인의 직무를 행사할 수 있다.

11 소년원학교에는 「초·중등교육법」 제21조 제2항에 따른 자격을 갖춘 교원을 두되, 교원은 (   )으로 임용할 수 있다.

12 소년원학교에서 교육과정을 마친 보호소년이 (   )의 졸업장 취득을 희망하는 경우 소년원학교장은 전적학교의 장에게 학적사항을 통지하고 졸업장의 발급을 요청할 수 있다.

13 소년원장은 보호소년이 (   )가 되면 퇴원시켜야 한다.

16 벌금 미납자의 사회봉사 집행에 관한 특례법

01 법원은 검사로부터 사회봉사 허가 청구를 받은 날부터 (   ) 이내에 벌금 미납자의 경제
적 능력, 사회봉사 이행에 필요한 신체적 능력, 주거의 안정성 등을 고려하여 사회봉사 허가
여부를 결정한다. 출석 요구, 자료제출 요구에 걸리는 기간은 위 기간에 포함하지 아니한다.

02 사회봉사 대상자는 법원으로부터 사회봉사 허가의 고지를 받은 날부터 (   ) 이내에 사
회봉사 대상자의 주거지를 관할하는 보호관찰소의 장에게 주거, 직업, 그 밖에 대통령령으로
정하는 사항을 신고하여야 한다.

03 사회봉사의 집행시간은 사회봉사 기간 동안의 집행시간을 합산하여 시간 단위로 인정한다. 다
만, 집행시간을 합산한 결과 1시간 미만이면 (   )으로 인정한다.

04 사회봉사의 집행은 사회봉사가 허가된 날부터 (   ) 이내에 마쳐야 한다. 다만, 보호관
찰관은 특별한 사정이 있으면 검사의 허가를 받아 (   )의 범위에서 한 번 그 기간을
연장하여 집행할 수 있다.

05 사회봉사는 1일 (   )시간을 넘겨 집행할 수 없다. 다만, 사회봉사의 내용상 연속집행의
필요성이 있어 보호관찰관이 승낙하고 사회봉사 대상자가 분명히 동의한 경우에만 연장하여
집행할 수 있다(최대 4시간 연장 가능, 총13시간).

⑰ 범죄피해자 보호법

01 법무부장관은 제15조에 따른 범죄피해자 보호위원회의 심의를 거쳐 범죄피해자 보호·지원에 관한 기본계획을 (   )마다 수립하여야 한다.

02 구조금은 (   )·장해구조금 및 중상해구조금으로 구분하며, 일시금으로 지급한다.

03 구조피해자나 유족이 해당 구조대상 범죄피해를 원인으로 하여 「국가배상법」이나 그 밖의 법령에 따른 급여 등을 받을 수 있는 경우에는 (   )으로 정하는 바에 따라 구조금을 지급하지 아니한다.

04 구조금 신청은 해당 구조대상 범죄피해의 발생을 안 날부터 (   )이 지나거나 해당 구조대상 범죄피해가 발생한 날부터 10년이 지나면 할 수 없다.

05 구조금을 받을 권리는 그 구조결정이 해당 신청인에게 송달된 날부터 (   )간 행사하지 아니하면 시효로 인하여 소멸된다.

06 (   )는 피의자와 범죄피해자 사이에 형사분쟁을 공정하고 원만하게 해결하여 범죄피해자가 입은 피해를 실질적으로 회복하는데 필요하다고 인정하면 당사자의 신청 또는 직권으로 수사 중인 형사사건을 형사조정에 회부할 수 있다.

⑱ 아동·청소년의 성보호에 관한 법률

01 법원은 아동·청소년대상 성범죄를 범한 「소년법」 제2조의 소년에 대하여 형의 선고를 유예하는 경우에는 반드시 (   )을 명하여야 한다.

02 법원은 아동·청소년대상 성범죄를 범한 자에 대하여 유죄판결을 선고하거나 약식명령을 고지하는 경우에는 (   )의 범위에서 재범예방에 필요한 수강명령 또는 성폭력 치료프로그램의 이수명령을 병과(倂科)하여야 한다. 다만, 수강명령 또는 이수명령을 부과할 수 없는 특별한 사정이 있는 경우에는 그러하지 아니하다.

03 수강명령 또는 이수명령은 형의 집행을 유예할 경우에는 그 집행유예기간 내에, 벌금형을 선고할 경우에는 형 확정일부터 (   ) 이내에, 징역형 이상의 실형(實刑)을 선고할 경우에는 형기 내에 각각 집행한다. 다만, 수강명령 또는 이수명령은 아동·청소년대상 성범죄를 범한 사람이 「성폭력범죄의 처벌 등에 관한 특례법」 제16조에 따른 수강명령 또는 이수명령을 부과받은 경우에는 병과하지 아니한다.

04 「성매매알선 등 행위의 처벌에 관한 법률」 제21조 제1항에도 불구하고 제13조 제1항의 죄의 상대방이 된 아동·청소년에 대하여는 보호를 위하여 (   ).

19 보안관찰법

01 보안관찰처분대상자라 함은 보안관찰 해당범죄 또는 이와 경합된 범죄로 금고 이상의 형의 선고를 받고 그 형기 합계가 (   ) 이상인 자로서 형의 전부 또는 일부의 집행을 받은 사실이 있는 자를 말한다.

02 내란죄(형법 제88조)로 5년의 징역형을 선고받고 1년간의 형 집행을 받은 자로서 다시 내란죄를 범할 가능성이 있다고 판단되는 자에게 내릴 수 있는 처분은 (   )이다.

03 보안관찰법상의 보안관찰처분의 기간은 (   )으로 보안관찰처분청구는 검사가 행하며 법무부장관이 결정하는 행정처분이다.

04 법무부에 보안관찰처분심의위원회 위원장은 (   )이 되고 위원회는 위원장 1인과 6인의 위원으로 구성하며 그 과반수는 변호사의 자격이 있는 자이어야 한다.

정답 | 01 3년 02 보안관찰처분 03 2년 04 법무부차관

MEMO

위임규정 및 주요숫자

1 대통령령

① **운동시간·목욕횟수** 등에 관하여 필요한 사항
② **건강검진의 횟수** 등에 관하여 필요한 사항
③ **접견**의 횟수 시간·장소·방법 및 접견내용의 청취·기록·녹음·녹화 등에 관하여 필요한 사항
④ **편지발송의 횟수**, 편지 내용물의 확인방법 및 편지 내용의 검열절차 등에 관하여 필요한 사항
⑤ 시설의 설비 및 계호의 정도에 관하여 필요한 사항
⑥ 보호장비의 사용절차 등에 관하여 필요한 사항
⑦ 정보공개청구의 예상비용의 산정방법, 납부방법, 납부기간, 그 밖에 비용납부에 관하여 필요한 사항
⑧ 소년원과 소년분류심사원의 명칭, 위치, 직제, 그 밖에 필요한 사항
⑨ 사회봉사명령 및 수강명령 대상자의 관할 보호관찰소장에 대한 신고
⑩ **보호관찰 또는 사회봉사명령 등의 특별준수사항**

2 법무부령

① 의류·침구, 그 밖의 생활용품의 지급기준 등에 관하여 필요한 사항
② 음식물의 지급기준 등에 관하여 필요한 사항
③ 물품의 자비 구매 허가범위 등에 관하여 필요한 사항
④ **전화통화의 허가범위**, 통화내용의 청취·녹음 등에 관하여 필요한 사항
⑤ 구독을 신청할 수 있는 신문 등의 범위 및 수량
⑥ 방송설비·방송프로그램·방송시간 등에 관하여 필요한 사항
⑦ **노인수용자·장애인수용자 및 외국인수용자**에 대한 적정한 배려 또는 처우에 관하여 필요한 사항
⑧ 분류심사에 관하여 필요한 사항
⑨ 교육과정·외부통학·위탁교육 등에 관하여 필요한 사항
⑩ **교화프로그램의 종류**·내용 등에 관하여 필요한 사항
⑪ **외부통근작업 대상자의 선정기준** 등에 관하여 필요한 사항
⑫ 직업훈련 대상자의 선정기준 등에 관하여 필요한 사항
⑬ **귀휴제도와 관련된 사항**
⑭ **보안장비의 종류, 종류별 사용요건 및 사용절차** 등에 관하여 필요한 사항
⑮ **엄중관리 대상자의 처우**에 관한 사항
⑯ 보호관찰소에서 보호장구의 사용절차에 관하여 필요한 사항
⑰ 소년원에서 보호장비의 사용방법 및 관리에 관하여 필요한 사항
⑱ **갱생보호 사업**

3 법무부장관

① **수용자 의류·침구의 품목별 색채 및 규격**
② 자비 구매 물품 공급업무의 위탁에 관하여 필요한 세부사항
③ 비치도서의 열람방법·열람기간 등에 관하여 필요한 사항
④ **작업장려금, 위로금, 조위금**
⑤ 화장·시신인도 등에 필요한 비용의 범위
⑥ 자비 구매 물품의 공급업무 담당자 지정
⑦ 봉사원 선정, 기간연장 및 선정취소 등에 필요한 사항

4 법무부장관 승인 후 소장

① 수용자의 이송
② 치료감호시설 이송
③ 교도작업의 종류
④ 징벌의 실효
⑤ 직업훈련직종 선정 및 훈련과정별 인원

5 주요숫자 총정리

01 아동·청소년 대상 성범죄자의 집행유예시 수강명령 : (   )시간 범위

02 소년부 송치시의 신병처리 : 법원 소년부가 있는 시·군에서는 (   )시간 이내에, 그 밖의 시·군에서는 48시간 이내에 소년을 소년부에 인도

03 치료감호 등에 관한 법률상의 보호관찰 대상자 유치기간 : (   )일 + 1회 20일 연장 가능

04 소년원 퇴원 : (   )세에 달한 때

05 소년에 대한 가석방의 요건 : 무기형은 (   )년, 15년의 유기징역은 3년, 단기의 3분의 1 경과

06 소년원에서의 근신 : (   )세 이상인 자에 대해 20일 이내의 근신

07 심신장애인에 대한 치료감호 시효 : 10년, 마약 및 알코올 중독자는 (   )년

08 보호관찰 등에 관한 법률상 유치기간의 연장 : 가석방 및 임시퇴원의 심사를 위한 유치기간은 원칙은 (   )일이고 필요한 경우 1차에 한해 10일의 범위 내에서 연장 가능

09 벌금미납자의 사회봉사 1일 시간 : (   ) 초과할 수 없음(필요시 13시간 초과할 수 없음)

10 치료명령 집행면제 신청 : 형집행 종료되기 12개월부터 (   )개월까지의 기간

11 부착명령 대상자와 치료명령 대상자의 여행허가 등 : 주거이전 또는 (   )일 이상의 국내 여행을 하거나 출국할 때 보호관찰관의 허가를 받아야 한다.

12 소년부 판사의 임시조치 : 보호시설·보호자·요양소 위탁: (   ) + 3개월, 소년분류심사원 위탁(1개월 + 1개월)

13 치료감호소 가종료자와 치료위탁된 자의 보호관찰기간 : (   )(6개월 단위로 종료 결정 가능)

14 기본수용급 : (   )세 미만은 청년수형자

15 징벌의 실효기간 : 21일 이상 30일 이하의 금치에 해당하는 징벌은 (   )

16 민영교도소 위탁계약 기간 : 수탁자가 교도소 등의 설치비용을 부담하는 경우에는 (   ) 이상 20년 이내로 하고, 기타의 경우에는 1년 이상 5년 이내로 하되, 그 기간은 갱신 가능

17 외부통근자 연령 : (   ) 이상 65세 미만인 자

18 형기종료 석방예정자의 사전조사 : 석방 (   ) 전까지

19 보호침대, 보호의자, 보호복 계속 사용 : 8시간을 초과할 수 없으며, 해제 후 (   )이 경과하지 아니하면 다시 사용할 수 없음

20 독학에 의한 학위취득 과정 대상 : 교육개시일을 기준으로 형기의 (   )분의 1(21년 이 상의 유기형 또는 무기형의 경우에는 7년)이 지났을 것

21 일반귀휴요건 : 소장은 (   ) 이상 형을 집행받은 수형자로서 그 형기의 3분의 1(21년 이상의 유기형 또는 무기형의 경우에는 7년)이 지나고 교정성적이 우수한 사람이 일정한 요건에 해당하면 1년 중 20일 이내의 귀휴를 허가

22 민영교도소의 위탁업무정지기간(갱생보호사업 정지명령 기간) : (   ) 이내의 기간

23 이송대상 수용자 계속 수용 : (   )을 초과하지 아니하는 기간 동안

24 교부금품 국고귀속 : 공고한 후 (   )이 지나도 금품을 돌려달라고 청구하는 사람이 없 으면 그 금품은 국고에 귀속

25 방송편성시간 : 1일 (   ) 이내

26 정기재심사 : 형집행지휘서가 접수된 날부터 (   )이 지나지 아니한 경우에는 실시하지 않음(형기의 3분의 1에 도달한 때, 형기의 2분의 1에 도달한 때, 형기의 3분의 2에 도달한 때, 형기의 6분의 5에 도달한 때)

27 사형집행기간 : 법무부장관 명령 후 (   ) 이내 집행

28 가석방 회의록 공개시기 : 가석방 결정 등을 행한 후 (   ) 경과

29 무인비행장치, 전자·통신기기 반입 : (   ) 이하의 징역 또는 3천만원 이하의 벌금(지닌 경우는 2년 이하의 징역 또는 2천만원 이하의 벌금)

30 교정시설에 설치된 개방시설에 수용되는 중간처우 대상자는 형기가 (   )이고, 범죄횟수가 3회 이상이며, 중간처우를 받는 날부터 가석방 또는 형기종료 예정일까지 기간이 3개월 이상 2년 6개월 미만인 사람으로, 개방처우급 또는 완화경비처우급

31 지역사회에 설치된 개방시설에 수용되는 중간처우 대상자는 위 요건에 해당하고, 범죄횟수가 1회이며, 중간처우를 받는 날부터 가석방 또는 형기종료 예정일까지의 기간이 (   ) 미만인 사람

정답 | 01 500 02 24 03 30 04 22 05 5 06 14 07 7 08 20 09 9시간 10 9 11 7 12 3개월 13 3년 14 23 15 2년 6월 16 10년 17 18세 18 10일 19 4시간 20 3 21 6개월 22 6월 23 6개월 24 6개월 25 6시간 26 6개월 27 5일 28 5년 29 3년 30 2년 이상 31 1년 6개월

PART

5

+5점 모의고사

01 다음 중 「형의 집행 및 수용자의 처우에 관한 법률」상 수용자가 주고받는 편지의 내용을 검열할 수 있는 사유가 아닌 것은?

> ㄱ. 편지의 상대방이 누구인지 확인할 수 없는 때
> ㄴ. 「형사소송법」이나 그 밖의 법률에 따른 편지검열의 결정이 있는 때
> ㄷ. 사생활의 비밀 또는 자유를 침해할 우려가 있는 때
> ㄹ. 수용자의 처우 또는 교정시설의 운영에 관하여 명백하지 않은 거짓사실을 포함하고 있는 때

① ㄱ, ㄴ   ② ㄴ, ㄷ   ③ ㄷ, ㄹ   ④ ㄱ, ㄹ

해설 | ㄷ, ㄹ은 편지의 검열사유가 아니다. 이는 편지를 확인 또는 검열한 결과 그 편지의 내용이 이와 같은 경우, 발신 또는 수신을 금지할 수 있는 사유이다.

형의 집행 및 수용자의 처우에 관한 법률 제43조(편지수수) ⑤ 소장은 제3항 또는 제4항 단서에 따라 확인 또는 검열한 결과 수용자의 편지에 법령으로 금지된 물품이 들어 있거나 편지의 내용이 다음 각 호의 어느 하나에 해당하면 발신 또는 수신을 금지할 수 있다.
1. 암호·기호 등 이해할 수 없는 특수문자로 작성되어 있는 때
2. 범죄의 증거를 인멸할 우려가 있는 때
3. 형사 법령에 저촉되는 내용이 기재되어 있는 때
4. 수용자의 처우 또는 교정시설의 운영에 관하여 명백한 거짓사실을 포함하고 있는 때
5. 사생활의 비밀 또는 자유를 침해할 우려가 있는 때
6. 수형자의 교화 또는 건전한 사회복귀를 해칠 우려가 있는 때
7. 시설의 안전 또는 질서를 해칠 우려가 있는 때

02 다음은 수용자가 접견할 때 반드시 접촉차단시설이 설치되지 아니한 장소에서 접견하도록 하여야 하는 것을 나열한 것이다. 옳지 않은 것은?

> ㄱ. 미결수용자가 변호인과 접견하는 경우
> ㄴ. 형사사건으로 수사 또는 재판을 받고 있는 수형자 또는 사형확정자가 변호인과 접견하는 경우
> ㄷ. 수용자가 소송사건의 대리인인 변호사와 접견하는 경우로서 교화 또는 건전한 사회복귀를 해칠 우려가 없는 경우
> ㄹ. 수용자가 「형사소송법」에 따른 상소권회복 또는 재심청구사건의 대리인이 되려는 변호사와 접견하는 경우로서 교정시설의 안전 또는 질서를 해칠 우려가 있는 경우

① ㄱ, ㄴ   ② ㄴ, ㄷ   ③ ㄷ, ㄹ   ④ ㄱ, ㄹ

해설 | ㄱ (○) ㄴ (○) 형집행법 제41조 제2항 제1호
ㄷ (×) 수용자가 소송사건의 대리인인 변호사와 접견하는 경우로서 교정시설의 안전 또는 질서를 해칠 우려가 없는 경우, 반드시 접촉차단시설이 설치되지 아니한 장소에서 접견하게 하여야 한다. '교화 또는 건전한 사회복귀를 해칠 우려가 없는 경우'는 관계가

없다(동법 제41조 제2항 제2호).

ㄹ (×) 교정시설의 안전 또는 질서를 해칠 우려가 있는 경우가 아닌 없는 경우이다(동법 시행령 제59조의2 제5항).

형집행법 제41조(접견) ② 수용자의 접견은 접촉차단시설이 설치된 장소에서 하게 한다. 다만, 다음 각 호의 어느 하나에 해당하는 경우에는 접촉차단시설이 설치되지 아니한 장소에서 접견하게 한다.

1. 미결수용자(형사사건으로 수사 또는 재판을 받고 있는 수형자와 사형확정자를 포함한다)가 변호인(변호인이 되려는 사람을 포함한다. 이하 같다)과 접견하는 경우
2. 수용자가 소송사건의 대리인인 변호사와 접견하는 경우 등 수용자의 재판청구권 등을 실질적으로 보장하기 위하여 대통령령으로 정하는 경우로서 교정시설의 안전 또는 질서를 해칠 우려가 없는 경우

동법 시행령 제59조의2(변호사와의 접견) ⑤ 수용자가 「형사소송법」에 따른 상소권회복 또는 재심청구사건의 대리인이 되려는 변호사와 접견하는 경우에는 교정시설의 안전 또는 질서를 해칠 우려가 없는 한 접촉차단시설이 설치되지 않은 장소에서 접견하게 한다.

03 「형의 집행 및 수용자의 처우에 관한 법률」상 전화통화에 관한 설명으로 옳지 않은 것은?

> ㄱ. 수용자는 외부교통권으로서 교정시설의 외부에 있는 사람과 전화통화를 할 권리가 있으며, 전화통화에 소장의 허가를 요하지 아니한다.
> ㄴ. 소장은 수용자가 전화통화를 할 때 통화내용의 청취 또는 녹음을 조건으로 붙일 수 없다.
> ㄷ. 통화내용을 청취 또는 녹음하려면 사전에 수용자 및 상대방에게 그 사실을 알려 주어야 한다.
> ㄹ. 전화통화의 허가범위, 통화내용의 청취·녹음 등에 관하여 필요한 사항은 법무부령으로 정한다.

① ㄱ, ㄴ   ② ㄴ, ㄷ   ③ ㄷ, ㄹ   ④ ㄱ, ㄹ

해설 | ㄱ (×) 접견이나 편지수수와는 달리, 수용자는 소장의 허가를 받아 교정시설의 외부에 있는 사람과 전화통화를 할 수 있다(형집행법 제44조).

ㄴ (×) 소장은 수용자가 전화통화를 할 때 통화내용의 청취 또는 녹음을 조건으로 붙일 수 있다(동법 제44조 제2항).

ㄷ (○) 동법 제44조 제4항

ㄹ (○) 동법 제44조 제5항

04 현행법령상 수용자의 전화통화의 허용에 관한 설명으로 옳지 않은 것은?

> ㄱ. 개방처우급 수형자의 전화통화 허용횟수는 월 20회 이내이고, 완화경비처우급 수형자의 전화통화 허용횟수는 월 10회 이내이다.
> ㄴ. 중경비처우급 수형자에게는 전화통화가 허용되지 않는다.
> ㄷ. 전화통화는 1일 2회만 허용한다. 다만, 처우상 특히 필요한 경우에는 그러하지 아니하다.
> ㄹ. 소장은 사형확정자의 심리적 안정과 원만한 수용생활을 위하여 필요하다고 인정하는 경우에는 월 3회 이내의 범위에서 전화통화를 허가할 수 있다.

① ㄱ, ㄴ   ② ㄴ, ㄷ   ③ ㄷ, ㄹ   ④ ㄱ, ㄹ

해설 | ㄱ (○) 형집행법 시행규칙 제90조 제1항 제1호·제2호
     ㄴ (×) 개방처우급·완화경비처우급 수형자뿐만 아니라, 처우상 특히 필요한 경우에 일반경비처우급과 중(重經)비처우급 수형자에게도 각각 월 5회, 월 2회 이내에서 전화통화가 허용된다(동법 시행규칙 제90조 제1항 제3호).
     ㄷ (×) 전화통화는 1일 1회만 허용한다. 다만, 처우상 특히 필요한 경우에는 그러하지 아니하다(동법 시행규칙 제90조 제3항).
     ㄹ (○) 동법 시행규칙 제156조

형집행법 시행규칙 제90조(전화통화의 허용횟수) ① 수형자의 경비처우급별 전화통화의 허용횟수는 다음 각 호와 같다.
1. 개방처우급: 월 20회 이내
2. 완화경비처우급: 월 10회 이내
3. 일반경비처우급: 월 5회 이내
4. 중(重)경비처우급: 처우상 특히 필요한 경우 월 2회 이내

05 현행법령상 노인수용자의 처우에 관한 내용으로 옳지 않은 것은?

> ㄱ. 노인수형자 전담교정시설에는 별도의 공동휴게실을 마련하고 노인이 선호하는 오락용품 등을 갖춰 두어야 한다.
> ㄴ. 노인수형자 전담교정시설이 아닌 교정시설에서는 노인수용자를 수용하기 위하여 별도의 거실을 지정하여 운용하여야 한다.
> ㄷ. 노인수용자의 거실은 시설부족 또는 그 밖의 부득이한 사정이 없으면 건물의 1층에 설치하고, 특히 겨울철 난방을 위하여 필요한 시설을 갖추도록 노력하여야 한다.
> ㄹ. 소장은 노인수용자의 나이·건강상태 등을 고려하여 필요하다고 인정하면 운동시간을 연장하거나 목욕횟수를 늘릴 수 있다.

① ㄱ, ㄴ   ② ㄴ, ㄷ   ③ ㄷ, ㄹ   ④ ㄱ, ㄹ

해설 | ㄱ (○) 형집행법 시행규칙 제43조 제2항

ㄴ (×) 노인수형자 전담교정시설이 아닌 교정시설에서는 노인수용자를 수용하기 위하여 별도의 거실을 지정하여 운용할 수 있다(동법 시행규칙 제44조 제1항).

ㄷ (×) 노인수용자의 거실은 시설부족 또는 그 밖의 부득이한 사정이 없으면 건물의 1층에 설치하고, 특히 겨울철 난방을 위하여 필요한 시설을 갖추어야 한다(동법 시행규칙 제44조 제2항).

ㄹ (○) 동법 시행규칙 제46조 제1항

06 현행 형집행법 시행규칙상 중간처우에 관한 설명으로 옳지 않은 것은?

ㄱ. 개방처우급 또는 완화경비처우급 수형자에 한하여 중간처우 대상자로 지정될 수 있다.

ㄴ. 교정시설에 설치된 개방시설에 수용되는 중간처우 대상자는 형기가 3년 이상인 사람이거나, 범죄횟수가 2회 이하인 사람 또는 중간처우를 받는 날부터 가석방 또는 형기종료 예정일까지 기간이 3개월 이상 1년 6개월 이하인 사람 중의 하나이어야 한다.

ㄷ. 교정시설에 설치된 개방시설에 수용되는 중간처우 대상자의 요건에 해당하고, 범죄횟수가 1회이며, 중간처우를 받는 날부터 가석방 또는 형기종료 예정일까지의 기간이 1년 6개월 미만인 수형자는 지역사회에 설치된 개방시설에 수용되어 중간처우를 받을 수 있다.

ㄹ. 소장은 전문대학 위탁교육을 위하여 필요한 경우 수형자를 중간처우를 위한 전담교정시설에 수용할 수 있다.

① ㄱ, ㄴ   ② ㄴ, ㄷ   ③ ㄷ, ㄹ   ④ ㄱ, ㄹ

해설 | ㄱ (○) ㄴ (×) 소장은 개방처우급 혹은 완화경비처우급 수형자가 다음 각 호의 사유에 모두 해당하는 경우에는 교정시설에 설치된 개방시설에 수용하여 사회적응에 필요한 교육, 취업지원 등 적정한 처우를 할 수 있다(형집행법 시행규칙 제93조 제1항).

1. 형기가 2년 이상인 사람
2. 범죄횟수가 3회 이하인 사람
3. 중간처우를 받는 날부터 가석방 또는 형기종료 예정일까지 기간이 3개월 이상 2년 6개월 미만인 사람

ㄷ (×) 소장은 제1항에 따른 처우의 대상자 중 다음 각 호의 사유에 모두 해당하는 수형자에 대해서는 지역사회에 설치된 개방시설에 수용하여 제1항에 따른 처우를 할 수 있다(동법 시행규칙 제93조 제2항).

1. 범죄횟수가 1회인 사람
2. 중간처우를 받는 날부터 가석방 또는 형기종료 예정일까지의 기간이 1년 6개월 미만인 사람

ㄹ (○) 동법 시행규칙 제112조 제4항

07 「형의 집행 및 수용자의 처우에 관한 법률 및 시행령」상 분류심사에 관한 설명으로 옳지 않은 것은?

> ㄱ. 소장은 분류심사와 그 밖에 수용목적의 달성을 위하여 필요하면 수용자의 가족 등을 면담하거나 법원·경찰관서, 그 밖의 관계기관 또는 단체에 대하여 필요한 사실을 조회할 수 있다.
> ㄴ. 법무부장관은 수형자를 과학적으로 분류하기 위하여 분류심사를 전담하는 교정시설을 지정·운영하여야 한다.
> ㄷ. 위 ㄴ의 경우 분류심사를 전담하는 교정시설은 지방교정청별로 2개소 이상이 되도록 하여야 한다.
> ㄹ. 수형자의 개별처우계획, 가석방심사신청 대상자 선정, 그 밖에 수형자의 분류처우에 관한 중요사항을 심의·의결하기 위하여 교정시설에 분류처우위원회를 두되, 동 위원회는 위원장을 포함한 5명 이상 7명 이하의 위원으로 구성한다.

① ㄱ, ㄴ   ② ㄴ, ㄷ   ③ ㄷ, ㄹ   ④ ㄱ, ㄹ

해설 │ ㄱ (○) 형집행법 제60조 제1항
ㄴ (×) 법무부장관은 수형자를 과학적으로 분류하기 위하여 분류심사를 전담하는 교정시설을 지정·운영할 수 있다(동법 제61조). 즉, 임의적 사항이다.
ㄷ (×) 분류심사를 전담하는 교정시설은 지방교정청별로 1개소 이상이 되도록 하여야 한다. (동법 시행령 제86조).
ㄹ (○) 동법 제62조 제1항·제2항

08 다음 현행법령상 분류심사에 관한 설명으로 옳지 않은 것은?

> ㄱ. 개별처우계획을 수립하기 위한 분류심사(신입심사)는 매월 초일부터 말일까지 형집행지휘서가 접수된 수형자를 대상으로 하며, 그 다음 달 전까지 완료하여야 한다.
> ㄴ. 정기재심사는 형기의 일정 기간이 도달한 때마다 실시하되, 형집행지휘서가 접수된 날부터 6개월이 지나지 아니한 경우에는 실시하지 아니한다.
> ㄷ. 재심사 중 부정기재심사는 상벌 또는 그 밖의 사유가 발생한 경우에 하는 재심사를 말한다.
> ㄹ. 재심사에 따라 경비처우급을 조정할 필요가 있는 경우에도 한 단계의 범위에서만 조정할 수 있으며, 두 단계 이상 조정하여서는 아니 된다.

① ㄱ, ㄴ   ② ㄴ, ㄷ   ③ ㄷ, ㄹ   ④ ㄱ, ㄹ

해설 │ ㄱ (×) 개별처우계획을 수립하기 위한 분류심사(이하 "신입심사"라 한다)는 매월 초일부터 말일까지 형집행지휘서가 접수된 수형자를 대상으로 하며, 그 다음 달까지 완료하여야 한다(형집행법 시행규칙 제64조).
ㄴ (○) 동법 시행규칙 제66조 제1항
ㄷ (○) 동법 시행규칙 제65조 제2호
ㄹ (×) 재심사에 따라 경비처우급을 조정할 필요가 있는 경우에는 한 단계의 범위에서 조정한

다. 다만, 수용 및 처우를 위하여 특히 필요한 경우에는 두 단계의 범위에서 조정할 수 있다(동법 시행규칙 제68조 제2항).

09 「형의 집행 및 수용자의 처우에 관한 법률 시행규칙」상 봉사원 선정에 관한 설명으로 옳지 않은 것은?

> ㄱ. 소장은 개방처우급·완화경비처우급·일반경비처우급 수형자로서 교정성적, 나이, 인성 등을 고려하여 다른 수형자의 모범이 된다고 인정되는 경우에는 봉사원으로 선정하여 담당교도관의 사무처리와 그 밖의 업무를 보조하게 하여야 한다.
> ㄴ. 소장은 봉사원의 활동기간을 1년 이하로 정하되, 필요한 경우에는 그 기간을 연장할 수 있다.
> ㄷ. 소장은 봉사원의 활동과 역할수행이 부적당하다고 인정하는 경우에는 그 선정을 취소할 수 있다.
> ㄹ. 소장은 봉사원 선정, 기간연장 및 선정취소에 관한 사항을 결정할 때에는 법무부장관이 정하는 바에 따라 교도관회의의 심의를 거쳐야 한다.

① ㄱ, ㄴ   ② ㄴ, ㄷ   ③ ㄷ, ㄹ   ④ ㄱ, ㄹ

해설 │ ㄱ (×) 소장은 개방처우급·완화경비치우급·일반경비처우급 수형자로서 교정성적, 나이, 인성 등을 고려하여 다른 수형자의 모범이 된다고 인정되는 경우에는 봉사원으로 선정하여 담당교도관의 사무처리와 그 밖의 업무를 보조하게 할 수 있다(형집행법 시행규칙 제85조 제1항).
ㄴ (○) 동법 시행규칙 제85조 제2항
ㄷ (○) 동법 시행규칙 제85조 제3항
ㄹ (×) 소장이 규정한 사항 외에 봉사원 선정, 기간연장 및 선정취소 등에 필요한 사항은 법무부장관이 정한다(동법 시행규칙 제85조 제4항).

10 「형의 집행 및 수용자의 처우에 관한 법률 시행규칙」상 귀휴심사위원회의 회의 등에 관한 설명으로 옳지 않은 것은?

> ㄱ. 위원회의 회의는 위원장이 수형자에게 귀휴사유가 발생하여 귀휴심사가 필요하다고 인정하는 때에 개최한다.
> ㄴ. 위원회의 회의는 재적의원 과반수의 출석으로 개의하고 출석위원 과반수의 찬성으로 의결한다.
> ㄷ. 소장은 토요일, 공휴일, 그 밖에 위원회의 소집이 매우 곤란한 때에 가족 또는 배우자의 직계존속이 사망하거나 직계비속의 혼례가 있는 등 특별귀휴의 사유가 발생하면, 위원회의 심사를 거치지 아니하고 귀휴를 허가할 수 있다.
> ㄹ. 소장은 위원회의 소집이 매우 곤란하여 위원회의 심사를 거치지 아니하고 귀휴를 허가하는 경우에는 수용관리를 담당하고 있는 부서 및 귀휴업무를 담당하고 있는 부서의 장의 의견을 듣지 않아도 된다.

① ㄱ, ㄴ   ② ㄴ, ㄷ   ③ ㄷ, ㄹ   ④ ㄱ, ㄹ

해설 | ㄱ (○) 형집행법 시행규칙 제133조 제1항

ㄴ (○) 동법 시행규칙 제133조 제2항

ㄷ (×) 소장은 토요일, 공휴일, 그 밖에 위원회의 소집이 대우 곤란한 때에 법 제77조 제2항 제1호(가족 또는 배우자의 직계존속이 사망한 때)의 사유가 발생한 경우에는 제129조 제1항(귀휴심사위원회의 심사규정)에도 불구하고 위원회의 심사를 거치지 아니하고 귀휴를 허가할 수 있다(동법 시행규칙 제134조 제1항 본문). 즉, 특별귀휴의 사유 중 가족 또는 배우자의 직계존속이 사망한 때에 한하여 위원회의 심사를 거치지 아니하고 귀휴를 허가할 수 있다.

ㄹ (×) 소장이 위원회의 심사를 거치지 아니하고 귀휴를 허가하는 경우, 수용관리를 담당하고 있는 부서 및 귀휴업무를 담당하고 있는 부서의 장의 의견을 들어야 한다(동법 시행규칙 제134조 제1항 단서).

11 「민영교도소 등의 설치·운영에 관한 법률」에 관한 설명 중 틀린 것은 모두 몇 개인가?

ⓐ 법무부장관은 필요하다고 인정하면 교정업무의 일부를 개인에게 위탁할 수 있다.
ⓑ 법무부장관은 사전에 기획재정부장관과 협의하여 민영교도소 등을 운영하는 교정법인에 대하여 매년 그 민영교도소 등의 운영에 필요한 경비를 지급한다.
ⓒ 교정법인은 민영교도소 등의 장 및 대통령령으로 정하는 직원을 임면할 때에는 지방교정청장의 승인을 받아야 한다.
ⓓ 교정법인 이사의 과반수는 대한민국 국민이어야 하며, 이사의 5분의 1 이상은 교정업무에 종사한 경력이 5년 이상이어야 한다.
ⓔ 교정법인은 민영교도소 등에 수용되는 자에게 특별한 사유가 있으면 수용을 거절할 수 있다.
ⓕ 교정법인의 정관변경은 법무부장관의 인가를 받아야 한다.

① 1개   ② 2개   ③ 3개   ④ 4개

해설 | ⓐ (○) 민영교도소법 제3조 제1항

ⓑ (○) 동법 제23조 제1항

ⓒ (×) 교정법인의 대표자는 민영교도소 등의 직원을 임면한다. 다만, 민영교도소 등의 장 및 대통령령으로 정하는 직원을 임면할 때에는 미리 법무부장관의 승인을 받아야 한다(동법 제29조 제1항).

ⓓ (○) 동법 제11조 제3항

ⓔ (×) 교정법인은 민영교도소 등에 수용되는 자에게 특별한 사유가 있다는 이유로 수용을 거절할 수 없다(동법 제25조 제2항).

ⓕ (○) 동법 제10조 제2항

12 갓프레드슨(Gottfredson)과 허쉬(Hirschi)의 자기통제이론에 대한 설명으로 가장 적절하지 않은 것은?

① 갓프레드슨과 허쉬는 성인기 사회유대의 정도가 한 개인의 자기통제능력을 변화시킬 수 있다고 주장한다.
② 갓프레드슨과 허쉬는 자기통제능력의 상대적 수준이 부모의 양육방법으로부터 큰 영향을 받는다고 주장한다.
③ 갓프레드슨과 허쉬는 어린 시절 형성된 자기통제능력의 결핍이 모든 범죄의 원인이라고 주장한다.
④ 범죄를 설명함에 있어 청소년기에 경험하는 다양한 환경적 영향요인을 충분히 고려하지 않는다는 비판이 제기되어 왔다.

해설 | ① 갓프레드슨과 허쉬에 따르면, 어릴 때 형성된 자기통제력은 청소년기를 지나 성인이 되어서도 변하지 않는 안정적이고도 지속적인 성향이 된다.
② 자기통제력이라는 내적 성향은 어릴 때 형성된다고 주장한다. 즉, 자기통제력은 어릴 때 부모의 양육방법에 의해 결정된다고 하면서 부모의 감독이 소홀하거나 애정결핍 속에 무계획적 생활습관이 방치되고, 잘못된 행동에 일관적이고도 적절한 처벌이 없이 자란 아이들의 자기통제력이 낮다고 보았다.
③ 갓프레드슨과 허쉬에 따르면 자기통제력이 낮은 아이들은 어려서부터 문제행동을 보이고, 청소년이 되어서도 지속적으로 비행을 저지르며, 성인이 되어서도 범죄를 저지를 가능성이 높고, 결국 어려서 형성된 자기통제력의 결핍이 지속적인 범죄의 주요 원인이 된다고 주장하였다.
④ 자기통제이론은 자기통제력을 범죄를 설명하는 데 있어 유일한 원인이라고 주장하지만, 청소년비행이나 범죄가 성장 시기의 가정, 학교, 친구 등의 환경요인과 상관없이 어릴 때의 성향만으로 설명될 수 있는지에 대해 많은 논란과 비판이 제기되어 왔다.

13 클락(Clarke)이 제시한 상황적 범죄예방기법 중 보상의 감소에 해당하는 것은?

① 목표물 견고화
② 접근통제
③ 자연적 감시
④ 소유자 표시

해설 | 코니쉬(Cornish)와 클락(Clarke)의 상황적 범죄예방이란 사회나 사회제도 개선에 의존하는 것이 아니라 단순히 범죄기회의 감소에 의존하는 예방적 접근을 말하며, 구체적인 범죄를 대상으로 체계적이고 장기적으로 직접적인 환경을 관리·조정하여 범죄기회를 감소시키고, 잠재적 범죄자로 하여금 범행이 위험할 수 있음을 인지하도록 하는 데 목표를 두고 있다. 코니쉬와 클락은 상황적 범죄예방의 5가지 목표(노력의 증가, 위험의 증가, 보상의 감소, 자극의 감소, 변명의 제거)와 25가지 구체적 기법을 제시하였다.
④ 소유자 표시 기법은 보상의 감소에 해당한다.
①·② 목표물 견고화(대상물 강화), 접근통제(시설 접근통제) 기법은 노력의 증가에 해당한다.
③ 자연적 감시 기법은 위험의 증가에 해당한다.

14 「전자장치 부착 등에 관한 법률」의 내용으로 옳지 않은 것은 모두 몇 개인가?

> ㉠ 검사는 미성년자 대상 유괴범죄로 징역형의 실형 이상의 형을 선고 받아 그 집행이 종료 또는 면제된 후 다시 유괴범죄를 저지른 경우에는 전자장치 부착명령을 청구하여야 한다.
> ㉡ 검사는 살인범죄로 징역형의 실형 이상의 형을 선고 받아 그 집행이 종료 또는 면제된 후 다시 살인 범죄를 저지른 경우에는 전자장치 부착명령을 청구하여야 한다.
> ㉢ 부착명령은 검사의 지휘를 받아 보호관찰관이 집행한다.
> ㉣ 피부착자는 주거를 이전하거나 7일 이상의 국내여행을 하거나 출국할 때에는 미리 관할 경찰서장에게 신고하여야 한다.
> ㉤ 피부착명령자는 그 판결이 확정된 후 집행을 받지 아니하고 함께 선고된 특정 범죄사건의 형의 시효가 완성되면 그 집행이 종료된 것으로 본다.

① 1개 　　　　② 2개 　　　　③ 3개 　　　　④ 4개

해설 | ㉠ (○) 전자장치부착법 제5조 제2항 단서
　　　㉡ (○) 동조 제3항 단서
　　　㉢ (○) 동법 제12조 제1항
　　　㉣ (×) 관할 경찰서장에게 신고하여야 한다. → 보호관찰관의 허가를 받아야 한다(동법 제14조 제3항).
　　　㉤ (×) 종료된 것으로 본다. → 면제된다(동법 제21조 제1항).

15 다음 중 발달이론(development theory)과 관련이 없는 것은?

> ㉠ 모피트(Moffitt)의 이론
> ㉡ 갓프레드슨(Gottfredson)과 허쉬(Hirschi)의 범죄일반이론
> ㉢ 샘슨(Sampson)과 라웁(Laub)의 연령-등급이론(age-graded theory)
> ㉣ 애그뉴(Agnew)의 일반긴장이론
> ㉤ 손베리(Thomberry)의 상호작용이론(interaction theory)

① ㉠, ㉡ 　　　　② ㉢, ㉣ 　　　　③ ㉡, ㉤ 　　　　④ ㉡, ㉣

해설 | 사회학적 범죄이론 - 발달이론
　　　㉡ 갓프레드슨과 허쉬의 범죄일반이론은 어릴 때 가정에서의 부적절한 사회화로 형성되는 낮은 자아통제력이 한 범죄성을 평생 좌우한다고 본다.
　　　㉣ 애그뉴의 일반긴장이론은 머튼의 아노미이론을 확장한 이론이다.

16 「형의 집행 및 수용자의 처우에 관한 법률」상 교도작업에 대한 설명으로 옳은 것으로만 묶은 것은?

> ㉠ 1일의 작업시간(휴식·운동·식사·접견 등 실제 작업을 실시하지 않는 시간을 제외한다. 이하 같다)은 8시간을 초과할 수 없다. 다만, 취사·청소·간병 등 교정시설의 운영과 관리에 필요한 작업의 1일 작업시간은 12시간 이내로 한다.
> ㉡ 1주의 작업시간은 52시간을 초과할 수 없다. 다만, 수형자가 신청하는 경우에는 1주의 작업시간을 8시간 이내의 범위에서 연장할 수 있다.
> ㉢ 19세 미만 수형자의 작업시간은 1일에 8시간을, 1주에 40시간을 초과할 수 없다.
> ㉣ 공휴일·토요일과 그 밖의 휴일에는 작업을 부과하지 아니함이 원칙이다. 그러나 공공의 안전이나 공공의 이익을 위하여 긴급히 필요한 경우는 예외로 한다.

① ㉠, ㉡, ㉣　　　② ㉠, ㉢　　　③ ㉡, ㉢, ㉣　　　④ ㉠, ㉡, ㉢, ㉣

해설 | 모두 옳다.

형집행법 제71조(작업시간 등) ① 1일의 작업시간(휴식·운동·식사·접견 등 실제 작업을 실시하지 않는 시간을 제외한다. 이하 같다)은 8시간을 초과할 수 없다.
② 제1항에도 불구하고 취사·청소·간병 등 교정시설의 운영과 관리에 필요한 작업의 1일 작업시간은 12시간 이내로 한다.
③ 1주의 작업시간은 52시간을 초과할 수 없다. 다만, 수형자가 신청하는 경우에는 1주의 작업시간을 8시간 이내의 범위에서 연장할 수 있다.
④ 제2항 및 제3항에도 불구하고 19세 미만 수형자의 작업시간은 1일에 8시간을, 1주에 40시간을 초과할 수 없다.
⑤ 공휴일·토요일과 대통령령으로 정하는 휴일에는 작업을 부과하지 아니한다. 다만, 다음 각 호의 어느 하나에 해당하는 경우에는 작업을 부과할 수 있다.
1. 제2항에 따른 교정시설의 운영과 관리에 필요한 작업을 하는 경우
2. 작업장의 운영을 위하여 불가피한 경우
3. 공공의 안전이나 공공의 이익을 위하여 긴급히 필요한 경우
4. 수형자가 신청하는 경우

17 「소년법」상 소년범의 보호관찰에 대한 설명으로 옳지 않은 것은?

① 소년에게 단기 보호관찰처분을 할 때에는 3개월 이내의 기간을 정하여 「보호소년 등의 처우에 관한 법률」에 따른 대안교육 또는 소년의 상담·선도·교화와 관련된 단체나 시설에서의 상담·교육을 받을 것을 동시에 명할 수 있다.

② 소년에게 장기 보호관찰처분을 할 때에는 1년 이내의 기간을 정하여 야간 등 특정 시간대의 외출을 제한하는 명령을 보호관찰대상자의 준수사항으로 부과할 수 있다.

③ 소년에 대하여 단기 보호관찰처분을 하는 경우 「아동복지법」에 따른 아동복지시설이나 그 밖의 소년보호시설에 감호 위탁 또는 1개월 이내의 소년원 송치처분을 병합할 수 있다.

④ 소년에 대한 장기 보호관찰의 기간은 2년으로 하되, 소년부 판사는 보호관찰관의 신청에 따라 결정으로써 1년의 범위에서 한 번에 한하여 그 기간을 연장할 수 있다.

해설 │ ③ 소년에 대하여 단기 보호관찰처분을 하는 경우 「아동복지법」에 따른 아동복지시설이나 그 밖의 소년보호시설에 감호 위탁하는 처분은 병합할 수 있으나, 1개월 이내의 소년원 송치처분은 병합할 수 없다(소년법 제32조 제2항)

소년법 제32조(보호처분의 병합) ② 다음 각 호 안의 처분 상호 간에는 그 전부 또는 일부를 병합할 수 있다.

1. 제1항 제1호·제2호·제3호·제4호 처분(보호자 등에게 감호 위탁, 수강명령, 사회봉사명령, 단기 보호관찰)

2. 제1항 제1호·제2호·제3호·제5호 처분(보호자 등에게 감호 위탁, 수강명령, 사회봉사명령, 장기 보호관찰)

3. 제1항 제4호·제6호 처분(단기 보호관찰, 아동복지시설이나 소년보호시설에 감호 위탁)

4. 제1항 제5호·제6호 처분(장기 보호관찰, 아동복지시설이나 소년보호시설에 감호 위탁)

5. 제1항 제5호·제8호 처분(장기 보호관찰, 1개월 이내의 소년원 송치)

① 동법 제32조의2 제1항, ② 동법 제32조의2 제2항, ④ 동법 제33조 제3항

18 「형의 집행 및 수용자의 처우에 관한 법률」상 수용자가 '위력으로 교도관의 정당한 직무집행을 방해하는 때'에 사용할 수 있는 보호장비에 해당하는 것만을 모두 고른 것은?

ㄱ. 보호대(帶)	ㄴ. 보호복	ㄷ. 보호의자
ㄹ. 보호침대	ㅁ. 발목보호장비	ㅂ. 머리보호장비

① ㄱ, ㄴ, ㄷ   ② ㄱ, ㄷ, ㅁ

③ ㄱ, ㄴ, ㄹ, ㅂ   ④ ㄴ, ㄷ, ㄹ, ㅁ

해설 │ ② 옳은 것은 ㄱ, ㄷ, ㅁ이다. 수용자가 '위력으로 교도관의 정당한 직무집행을 방해하는 때'에 사용할 수 있는 보호장비에는 수갑·포승과 발목보호장비·보호대·보호의자가 있다(형집행법 제98조 제2항 제1호·제3호).

ㄴ, ㄹ. 보호복과 보호침대는 '자살·자해의 우려가 큰 때'에 사용할 수 있다(동법 제98조 제2항 제4호).

ㅂ. 머리보호장비는 '머리부분을 자해할 우려가 큰 때'에 사용할 수 있다(동법 제98조 제2항 제2호).

19 「형의 집행 및 수용자의 처우에 관한 법률 시행규칙」상 부정기재심사를 실시할 수 있는 경우에 해당하는 것만을 모두 고르면?

> ㄱ. 수형자를 징벌하기로 의결한 때
> ㄴ. 수형자가 학사 학위를 취득한 때
> ㄷ. 수형자가 지방기능경기대회에서 입상한 때
> ㄹ. 수형자가 기능사 자격을 취득한 때
> ㅁ. 수형자가 교정사고의 예방에 뚜렷한 공로가 있는 때
> ㅂ. 수형자가 추가사건으로 벌금형이 확정된 때

① ㄱ, ㄷ　　　　　　　　　　　② ㄱ, ㄴ, ㅁ
③ ㄴ, ㄹ, ㅁ　　　　　　　　　④ ㄱ, ㄴ, ㄹ, ㅂ

해설 | ② 옳은 것은 ㄱ, ㄴ, ㅁ이다.
　　ㄱ. (○) 형집행법 시행규칙 제67조 제3호
　　ㄴ. (○) 동법 시행규칙 제67조 제5호
　　ㄷ. (×) 수형자가 전국기능경기대회에서 입상한 때이다(동법 시행규칙 제67조 제5호).
　　ㄹ. (×) 수형자가 기사 이상의 자격을 취득한 때이다(동법 시행규칙 제67조 제5호).
　　ㅁ. (○) 동법 시행규칙 제67조 제2호
　　ㅂ. (×) 수형자가 추가사건으로 금고이상의 형이 확정된 때이다(동법 시행규칙 제67조 제4호).

형집행법 시행규칙 제67조(부정기재심사 사유) 부정기재심사는 다음 각 호의 어느 하나에 해당하는 경우에 할 수 있다.
1. 분류심사에 오류가 있음이 발견된 때
2. 수형자가 교정사고(교정시설에서 발생하는 화재, 수용자의 자살·도주·폭행·소란, 그 밖에 사람의 생명·신체를 해하거나 교정시설의 안전과 질서를 위태롭게 하는 사고를 말한다)의 예방에 뚜렷한 공로가 있는 때
3. 수형자를 징벌하기로 의결한 때
4. 수형자가 집행유예의 실효 또는 추가사건(현재 수용의 근거가 된 사건 외의 형사사건을 말한다)으로 금고이상의 형이 확정된 때
5. 수형자가 「숙련기술장려법」 제20조 제2항에 따른 전국기능경기대회 입상, 기사 이상의 자격 취득, 학사 이상의 학위를 취득한 때

20 「보호관찰 등에 관한 법률」상 보호관찰 대상자의 구인 및 유치에 대한 설명으로 옳은 것은?

① 보호관찰소의 장은 보호관찰 대상자가 일정한 주거가 없는 경우, 준수사항을 위반하였다고 의심할 상당한 이유가 있다는 이유만으로도 구인장을 발부받아 보호관찰 대상자를 구인할 수 있다.

② 보호관찰소의 장은 보호관찰 대상자를 긴급구인한 경우에는 즉시 관할 지방검찰청의 검사에게 신청하여 검사의 청구로 관할 지방법원 판사의 구인장을 발부받아야 한다.

③ 보호관찰소의 장은 법률에 따라 보호관찰 대상자를 구인하였을 때에는 계속 구금을 위한 구속영장을 청구한 경우를 제외하고는 구인한 때부터 48시간 이내에 석방하여야 한다.

④ 보호관찰소의 장은 유치허가를 받은 때부터 48시간 이내에 유치사유에 따른 신청을 하여야 한다.

해설 | ① 보호관찰소의 장은 보호관찰 대상자가 준수사항을 위반하였거나 위반하였다고 의심할 상당한 이유가 있고, 다음 각 호(일정한 주거가 없는 경우, 소환에 따르지 아니한 경우, 도주한 경우 또는 도주할 염려가 있는 경우)의 어느 하나에 해당하는 사유가 있는 경우에는 관할 지방검찰청의 검사에게 신청하여 검사의 청구로 관할 지방법원 판사의 구인장을 발부받아 보호관찰 대상자를 구인(拘引)할 수 있다(보호관찰법 제39조 제1항).

② 보호관찰소의 장은 보호관찰 대상자를 구인한 경우에는 긴급구인서를 작성하여 즉시 관할 지방검찰청 검사의 승인을 받아야 한다(동법 제40조 제2항).

③ 보호관찰소의 장은 제39조 또는 제40조에 따라 보호관찰 대상자를 구인하였을 때에는 제42조에 따라 유치(留置) 허가를 청구한 경우를 제외하고는 구인한 때부터 48시간 이내에 석방하여야 한다. 다만, 제42조 제2항에 따른 유치 허가를 받지 못하면 즉시 보호관찰 대상자를 석방하여야 한다(동법 제41조).

④ 보호관찰소의 장은 유치허가를 받은 때부터 24시간 이내에 제1항 각 호의 신청(유치사유에 따른 신청)을 하여야 한다(동법 제42조 제3항).

MEMO

MEMO

MEMO